Le droit de l'environnement face aux conflits armés

CIP a Camerei Naționale a Cărții

Kapitene, Karim.

Le droit de l'environnement face aux conflits armés / Karim Kapitene. – Chișinău : Generis Publishing, 2020 (Print on demand). – 74 p. : fig.

Referințe bibliogr.: p. 70-72 și în subsol.

ISBN 978-9975-153-95-9.

349.6:327.5

K 21

Cover image: www.pixabay.com

Generis Publishing
Online orders: www.generis-publishing.com
Orders by email: info@generis-publishing.com

INTRODUCTION

I.   CONTEXTE ET ETAT DE LA QUESTION

Dans le monde fini qui est le nôtre, tout l'espace est partagé entre les Etats souverains qui prétendent exercer sur leur territoire les compétences plénières et exclusives, au point que l'on parle, pour les désigner, de « souveraineté territoriale ».[1]

Ce partage du monde entre les Etats n'est cependant pas total : il ne concerne que des terres émergées, leur sol et leur sous-sol, l'espace aérien sur jacent et une frange maritime adjacente qui inclut la mer territoriale et se prolonge au-delà par la zone économique exclusive et le plateau continental sur lesquels l'Etat riverain exerce le droit souverain aux fins de l'exploration et de l'exploitation de leurs ressources naturelles[2]. Mais au-delà, les espaces internationaux et leurs ressources sont insusceptibles d'expropriation ou d'appropriation nationale y compris celles qui concernent la protection de l'environnement.

Si la nécessité de protection de l'environnement découle de l'intérêt commun de l'humanité, on peut aussi considérer que cet intérêt se reflète dans des droits reconnus aux individus. Restant dans cette optique, Alexandre Kiss écrit : « *il n'y a pas d'antagonisme entre les deux méthodes d'envisager le problème : le respect universel des droits et libertés fondamentaux de tout individu a été précisément proclamé comme faisant partie de l'intérêt commun de toute l'humanité* »[3]. On peut rappeler à cet égard le préambule de la Déclaration Universelle des Droits de l'homme lorsqu'il mentionne : « *La reconnaissance de la dignité inhérente à tous les membres de la famille humaine et de leurs droits égaux et inaliénables constitue le fondement de la liberté, de la justice et de la paix dans le monde* »[4]. Ainsi, l'homme a un droit à liberté, à l'égalité et à des conditions de vie

---

[1] O. MAZADUDAUX, Droit International Public et droit de l'environnement, Limoges, Pulin, 2008, p.140.

[2] Cfr. A. KISS, Droit international de l'environnement et le droit international, Sijthoff, Leyde, 1973, p.30.

[3] A. KISS, Droit international de l'environnement, Pedone, Paris, 1989, p.20.

[4] Le préambule de la DUDH proclamé par l'Assemblée Générale des Nations-Unies le 10 décembre 1948.

satisfaisantes, dans un environnement dont la qualité lui permette de vivre dans la dignité et le bien-être.

L'environnement est devenu alors, selon Michel Prieur, une préoccupation majeur non seulement des pays riches mais aussi des pays pauvres car il n'a fait que faire éclater au grand jour ce qui résulte depuis fort longtemps des réflexions des naturalistes et écologues, à savoir que l'homme comme espèce vivante fait partie d'un système complexe de relations et d'interrelations avec son milieu naturel[5]. Depuis, la protection de l'environnement apparaît, d'après Roselyne Nerac-Croisier, essentielle et la législation tendant à réglementer les activités humaines susceptibles d'y porter atteinte devient pléthorique. La réglementation est d'autant plus complexe que les préoccupations environnementales sont les plus souvent universelles et ne connaissent pas de frontières. Cette spécificité explique la profusion de sources au niveau tant international qu'interne[6].

Il en résulte que toute action humaine a des effets directs ou indirects insoupçonnés sur l'environnement. Sa protection se fait donc sur le plan international-convention ENMOD, protocole additionnel I de Genève de 1977, Directive de la Crois-Rouge- comme dans les ordres juridiques nationaux, par des mesures de protection ; encore que cette obligation de protection de l'environnement incombe au 1er plan aux Etats du fait d'être garants, acteurs principaux de protection des droits et libertés fondamentaux ; et au second plan à la population voire groupes sociaux.

Pour ce faire, la constitution de la RDC du 18 février 2006 dispose à son article 53 : « Toute personne a droit à un environnement sain et propre à son épanouissement intégral. Elle a le devoir de le défendre. L'Etat veille à la protection de l'environnement et à la santé des populations ». Et pour manifester la détermination, l'intérêt qu'a la RDC à promouvoir la protection de l'environnement, le constituant congolais a su mettre en jour une loi cadre pour assurer et compléter la constitution : Loi n°11/009 du 09 juillet 2011 portant principes fondamentaux relatifs à la protection de l'environnement ; avec comme but principal de faire face aux multiples défis et dommages causés à l'environnement, notamment la diminution de la diversité biologique, la pollution du sol, de l'air et de l'eau, la destruction de la couche d'ozone, la diminution de la fertilité du sol, la désertification, l'épanouissement des ressources halieutiques et la détérioration du patrimoine naturel et culturel ; de contribuer à l'atténuation des

---

[5] M. PRIEUR, Droit de l'environnement, Dalloz, Paris, 1984, p.2.
[6] R. NERC-CROISIER, Sauvegarde de l'environnement et droit pénal, harmattan, paris, 2005, p.7.

dommages constatés en définissant les grandes orientations en matière de protection de l'environnement et de gestion de l'immense potentiel dont dispose la RDC en ressources dans la perspective d'un développement durable au profit de sa population ; en prévenant les risques tout en luttant contre toutes formes de pollution et nuisances ; et en servant de socle aux législations spécifiques régissant la conduite des acteurs certes distincts de l'environnement mais dont les incidences directes ou indirectes sont indéniables[7].

Si l'environnement est devenu, aujourd'hui une préoccupation majeure de tous les Etats du monde, son contenu reste, certes, opaque, difficile à appréhender, imprécis ; et l'on ne sait toujours quel droit lui appliquer.

L'environnement est, pour Michel Prieur, « *l'ensemble d'éléments qui, dans la complexité de leurs relations, constituent le cadre, le milieu et les conditions de vie de l'homme, tels qu'ils sont ou tels qu'ils sont ressentis* »[8]. Selon Albert Muluma Munanga, « *l'environnement est un ensemble de milieux d'influences-milieux humains, naturels, économiques-qui agissent sur l'individu à tous les instants de sa vie quotidienne et détermine, en grande partie son comportement dans toutes les dimensions de l'être sociale, intellectuelle, affective, spirituelle, culturelle* »[9].

Dans la sentence relative au « *Rhin de fer* » du 24.05.2005, le tribunal constitué dans le cadre de la Cour permanente d'arbitrage a remarqué que, d'une manière générale, le terme environnement englobe l'air, la terre, la faune et la flore, les écosystèmes et les sites naturels, la santé et la sécurité humaine ainsi que le climat[10].

Plus systématiquement, l'environnement peut être défini comme l'ensemble des éléments nécessaires à la vie donc étant circonscrit aux éléments nécessaires à la vie des êtres humains. C'est dans ce sens que la CIJ, Cour International de Justice, dans l'affaire relative à la licéité de la menace d'emploi d'armes nucléaires souligne : « *l'environnement n'est pas une abstraction mais bien l'espace où vivent les êtres humains et dont dépendent la qualité de leur vie et de leur santé y compris pour les générations à venir*[11] ». Se basant à cette idée, le législateur

---

[7] Cfr. préambule de la loi n°11/009 du 09 juillet 2011 portant principes fondamentaux relatifs à la protection de l'environnement.

[8] M. PRIEUR, op cit., p.3.

[9] A. MULUMA MUNANGA, Guerres et problèmes de l'environnement en Afrique, cas de la RDC, in Développement et coopération, n°3, Mai-juin 2002, p.19.

[10] Affaire Rhin de fer, recueil, 2006, pp205-210.

[11] Avis consultatif du 08.07.1996, Licéité de la menace ou de l'emploi d'arme nucléaire, recueil 1996, pp.241-242, §29.

congolais définit l'environnement à l'article2 litera 16 de la loi n°11/009 du 09 juillet 2011 en ces termes : *« L'environnement est l'ensemble des éléments naturels ou artificiels et des équilibres biologiques et géochimiques auxquelles ils participent, ainsi que des facteurs économiques, sociaux et culturels qui favorisent l'existence, la transformation et le développement du milieu, des organismes vivants et des activités humaines ».*

De ce fait, l'environnement est l'ensemble des facteurs qui influent sur le milieu dans lequel vit l'homme. C'est l'ensemble d'éléments naturels ou artificiels qui conditionnent la vie de l'homme. Voilà une approche systémique de l'environnement qui met tous les éléments en interaction.

A l'aube du 21ᵉ siècle, la protection de l'environnement apparaît comme un enjeu prioritaire. Le cri d'alarme lancé par les scientifiques et quelques amoureux de la nature - citons Green Peace, les Amis de la terre, les Associations Alsaciennes et Badoises- réclamant l'application d'un droit particulier et spécifique visant cette protection commence à être entendu et à mobiliser les instances nationales et internationales jusqu'à parvenir et à conduire à la mise en place d'un droit purement technique pouvant régir l'écosystème et la biosphère. Maljean- DuBois, préoccupé par le souci de voir un droit spécifique à l'environnement pose la question de savoir et intitulé directement son ouvrage : *« Quel droit pour l'environnement »*[12]. La réponse vient de Jerôme Lassere Capdeville lorsqu'il écrit : *« L'environnement est objet de droits et obligations. Il est donc visé par une discipline juridique particulière : le droit de l'environnement »*[13].

Cependant, la notion même d'environnement étant variable, selon que l'on y inclut ou que l'on en exclut l'intervention humaine, il n'est pas surprenant que le droit de l'environnement soit lui-même peu aisé à délimiter. Néanmoins, d'une façon générale, ce dernier peut se définir comme l'ensemble de règles relatives à la protection de la nature contre les pollutions et les nuisances[14]. Il a donc pour objet l'étude ou l'élaboration de règles juridiques traitant de la compréhension, de la protection, de l'utilisation, de la gestion ou de la restauration de l'environnement sous toutes ses formes : terrestres, aquatiques et marines, naturelles et culturelles voire non terrestres (droit spatial) ; en quelque sorte le milieu où vit l'homme, la flore et la faune. Le droit de l'environnement est un *« droit touche a tout »* parce qu'ayant un caractère horizontal.

---

[12] S. MALJEAN-DUBOIS, Quel droit pour l'environnement, Hachette, Paris, 2008, p.6.
[13] J. LASSERE- CAPDEVILLE, Le droit pénal de l'environnement :un droit encore à l'apparence redoutable
 et à l'efficacité douteuse, in R. NERAC-CROSSIER, op cit., p.15.
[14] cfr. Idem

Le droit de l'environnement est né suite à l'adoption des premières politiques publiques de protection de l'environnement au début des années 70- années mondiales de l'environnement-à l'échelon international, communautaire et national. Ce droit fait partie aujourd'hui de l'ensemble des instruments juridiques destinés à réguler les impacts du développement scientifique, économique et technique sur la nature de l'homme[15]. Il a pour fonction d'agir à la fois sur les causes de destruction de l'environnement comme sur leurs conséquences. C'est un droit technique et complexe en pleine expansion, dont les champs tendent à ses densifier au fur et à mesure des avancées sociales, scientifiques et techniques. De même, il est conçu non seulement comme un droit défensif, un droit de protection de l'environnement, mais également offensif, c'est-à-dire de nature à permettre la lutte contre les atteintes dont il peut être victime et plus particulièrement la pollution.

L'expression, la détermination de tendances générales de développement du droit de l'environnement et l'harmonisation ou l'unification de ce droit nécessité l'existence d'une organisation internationale universelle s'occupant de préoccupations environnementales pour chercher en commun des solutions, dans un esprit de coopération internationale, à tout problème qui peut en subvenir.

Voila le mérite de la toute première conférence sur l'environnement tenue à Stockholm suivie de celle de Rio de Janeiro[16], de Copenhague et de Kyoto.

La conférence des Nations Unies tenue à Stockholm en juin 1972 est considérée, quant à Phillip Malinguy, comme marquant le point de départ de la reconnaissance du droit à la protection de l'environnement et a placé les questions écologiques au rang des préoccupations internationales[17]. A la suite de cette conférence, une structure institutionnelle souple mais permanente a été mise en place : Le programme des Nations Unies pour l'environnement (PNUE) permettant la coordination non seulement des techniques et des recherches mais aussi des droits. Cette conférence a été suivie par celle de Rio de Janeiro dite conférence des Nations Unies sur l'environnement et le développement de juin 1992. Au cours de celle-ci, a été adoptée une déclaration faisant progresser le concept des droits et des responsabilités des pays dans le domaine de l'environnement. Depuis, les responsables de nombreux Etats cherchent les moyens de ralentir les dégradations

---

[15] Simon CHARBONNEAU, Droit communautaire de l'environnement, Harmattan, Paris, 2006, p.5.

[16] M. PRIEUR, op.cit., p.21.

[17] Ph. MALINGUY, Introduction au droit de l'environnement, Lavoisier 2e , Tec et doc, 2004, p.40.

de l'environnement[18] et ne cessent guère de multiplier des conférences pour résoudre certains problèmes. C'est ainsi que les Etats participant au dernier sommet environnemental de novembre 2011 en Afrique du Sud ont manifesté un consensus sur les questions liées au changement climatique, surtout aux diminutions des gaz à effet de serre (conférence de Durban).

La protection de l'environnement s'oppose à des intérêts divergents. Le nécessaire développement des activités humaines notamment la production ou la consommation des biens et services, la guerre ou conflit armé, sont souvent difficilement compatibles avec la protection de l'environnement.

II.   PROBLEMATIQUE

Peu de stations mettent davantage les personnes et l'environnement en danger que les guerres. L'histoire de l'humanité est faite de rapports de force, de confrontations, de luttes armées entre des nations, des peuples ou des individus[19]. Parfois, ils se battent pour des raisons divergentes. Pour en rester à l'époque actuelle, de nombreuses typologies ont été proposées afin de cerner et de classer ce phénomène. Par exemple, on classera les guerres selon les techniques, la localisation, l'idéologie et la finalité[20]. Pendant ou entre les deux guerres mondiales -1914, 1945- les conflits sont liés à l'affrontement idéologique et technique opposant les Etats-Unis et alliés à l'ex-union soviétique.

Dans les années 60, les guerres africaines ont été pour la plupart des conflits liés à la décolonisation. C'est surtout des guerres d'indépendance ou des guerres liées au tracé frontalier. A partir des années 80, la majorité des guerres se déroulent dans des Etats devenus indépendants. A la fin de la guerre froide dans les années 90, les conflits africains ont eu pour cause la délinquance des Etats[21]. Vers les années 2000, les conflits sont plus liés à des intérêts économiques et politiques des Etats.

 Depuis l'Antiquité, les hommes ont tenté, avec plus au moins de succès, de maîtriser les effets de cette violence pour limiter les maux qu'elle ne manque pas de provoquer. Ils ont mis en place des règles susceptibles d'être appliquées en

---

[18] Xxx, Le droit international humanitaire, CICR, Genève, SD, p.2.

[19] Xxx, le droit international humanitaire, CICR, Genève, Sd, p.2.

[20] M.ALIOU BARRY, Guerres et trafics d'armes en Afrique : approche géostratégique, Harmattan, Paris, 2006, p.17.

[21] Cfr Ibidem, op. cit., p20.

temps de conflits armés entre Etats, à la conduite des hostilités sur les différents théâtres d'opérations militaires (terrestre, maritime, aérien) d'une part, et pour la durée de l'état de guerre, au traitement des personnes privées et de biens, à la protection de l'environnement sur le territoire d'un Etat belligérant ou en territoire occupé par l'ennemi, d'autre part.

Dans un sens plus étroit, l'expression vise les règles de protection individuelles qui sont apparues au cours des siècles dans le but d'humaniser la guerre. Ces règles sont appelées « Droit de la guerre » (jus in bello).

Le droit de la guerre vise à limiter et à atténuer le plus possible les calamités de la guerre ; à concilier les nécessités de la guerre avec les exigences humanitaires ; à faire une distinction entre ce qui est permis (licite) et ce qui ne l'est pas[22].

Ces règles font depuis la seconde moitié du XIX siècle l'objet de deux groupes de convention, concernant d'une part l'interdiction d'utiliser certaines armes dans les opérations d'attaque et de défense, d'autre part l'obligation de respecter et de sauvegarder la population civile, l'environnement et les membres des forces armées mis hors de combat par blessures, maladies ou capture[23].

Malgré cette réglementation de la conduite des hostilités et de l'interdiction d'utiliser certaines armes et méthodes dans un conflit armé ; malgré tous ces efforts et appels aux Etats, aux gouvernements, aux belligérants d'assurer la protection et un environnement sain et viable aux populations, la réalité au XXe et XXIe siècle démontre que les principes du droit international humanitaire sont trop souvent bafoués. La situation de guerre est plus que calamiteuse sur le terrain. La réalité insoutenable et horrible correspond bien aux images et aux clichés véhiculés par certains supports audiovisuels.

Les Etats font face, certes, aux conflits armés -interne, international, interne internationalisé[24]- qui surpassent leurs limites protectrices. De fois, les belligérants ne parviennent toujours pas à respecter le droit de guerre. Ils cherchent seulement à nuire, à détruire tous ceux qui appartiennent et/ou qui se trouvent dans le camp adverse. Plus encore, ils veulent à tout prix porter atteinte à l'environnement, juste pour nuire à l'ennemi. N'est-ce pas là un problème de cohabitation du droit de

---

[22] FREDERIC DE MULINEN, Manuel sur le droit de la guerre pour les forces armées, CICR, Genève, 1989, p.2.
[23]23 Encyclopédie Française, Larousse, Paris, 1974, Vol. 9, p.5675.
[24] Xxx, droit international régissant la conduite des hostilités, Recueil de conventions de la Haye et de quelques autres textes, CICR, Genève, 1996, p.8.

l'environnement avec des conflits armés ? En outre, ces conflits n'auraient pas d'effets, d'impact sur l'environnement ?

Le droit de l'environnement peut, dans une perspective purement positiviste n'être que l'étude des règles juridiques existantes en matières d'environnement. Il s'agit alors du droit relatif à l'environnement. Selon un critère finaliste, le droit de l'environnement est celui qui, de par son contenu, contribue à la santé publique et au maintien des équilibres écologiques. C'est un droit pour l'environnement ou droit environnemental[25].

Le droit de l'environnement est conçu non de façon neutre mais comme comportant une obligation de résultat. Que serait un droit pénal qui autoriserait et amnistierait le crime de meurtre ? Aussi, le droit de l'environnement ne remplit-il sa fonction que si son but est effectivement la protection de la nature et des ressources, la lutte contre les pollutions et nuisances et l'amélioration de la qualité de vie[26].

Dès lors, en matière d'environnement plus encore que dans d'autres domaines, il ne suffit pas de poser des normes. Il faut aussi fulminer des incriminations, des peines et se donner les moyens de les appliquer. En cela, le droit pénal ne participe-t-il pas à la protection de l'environnement ?

En transposant cette idée dans notre contexte, n y a-t-il pas nécessité d'éradiquer, de pénaliser, d'incriminer des atteintes au droit de l'environnement ou à l'environnement en temps des conflits armés ?

De ces interrogations, certaines hypothèses peuvent âtre envisagées.

III. HYPOTHESES

Au-delà des enjeux humanitaires évidents, les conflits armés soulèveraient, semble-t-il, d'importants et cruciaux enjeux environnementaux. Les destructions matérielles et environnementales, et les monstrueuses violences physiques et psychiques seraient difficiles à penser et à cicatriser. De ce fait les conflits engendreraient des graves dommages, conséquences à l'environnement, encore que de temps à autre, la plupart des conflits armés résulteraient, à nos jours, de la

---

[25] M. PRIEUR, op. cit., p.12.
[26] Ibidem, p.13.

convoitise de richesses dont regorgerait ce dernier. Du coup, il serait la base et conditionnerait même la persistance des conflits.

Si les conflits armés portent atteinte à l'environnement, il s'impose, peut être, la nécessité d'assurer sa protection. N'est ce pas là l'apport, d'une manière ou d'une autre, du droit pénal ! Néanmoins si l'adoption d'incriminations et de peines serait indispensable, elle ne suffirait pas. Leur application ou du moins la menace de leur application serait nécessaire pour assurer l'efficacité de la réglementation. Pour Roselyne Nerac-Croisier, « il faudrait ensuite mettre en œuvre la répression pénale ; or en matière environnementale, le plus souvent, les victimes seraient l'environnement, l'air, l'eau, la faune, la flore[27] », bref le cadre de vie de l'homme. La création des tribunaux spéciaux serait une solution.

Pour vérifier ces hypothèses, il importe de recourir à certaines méthodes.

IV.   METHODOLOGIE

Pour mener à bien notre recherche, certaines méthodes nous sont utiles.

En effet, la méthode exégétique est d'une grande importance parce que permettant l'interprétation des textes conventionnels, constitutionnels, légaux et réglementaires. La méthode sociologique est également utile pour saisir les écarts entre les textes et la réalité sur terrain des activités militaires sur l'environnement. La méthode comparative est nécessaire pour appréhender les effets, les conséquences des conflits sur l'environnement de par le monde.

La technique documentaire et l'observation permettent à mieux orienter notre réflexion en lisant les différents écrits des auteurs traitant, de loin ou de près, de ce thème. Mais aussi, pour compléter les lacunes de la doctrine, l'utilisation de l'outil informatique notamment de l'internet et de la jurisprudence nous est nécessaire.

---

[27] R. NERAC CROISIER, op. cit., p.10.

V.   INTERET, OBJECTIF ET DELIMITATION DU SUJET

Qui peut se passer de l'intérêt qu'affiche toujours un travail, de l'objectif que s'assigne le chercheur ? Ainsi, notre travail présente un intérêt et un objectif. Aussi, une analyse qui se veut précise, mérite d'être limité.

V.1. Intérêt

Certes, le choix de notre sujet n'hésite pas à répondre à un certain intérêt. Tout d'abord, c'est une voie ouverte à tout chercheur intéressé par le droit de l'environnement ;ensuite une façon de montrer que dans l'analyse des conséquences des guerres, de rébellions, de résistance et des conflits divers sur l'environnement, certains aspects, non de moindre importance, ne doivent pas être oubliés pour ne pas compromettre ainsi la compréhension exacte des dégâts que causent ces conflits sur le processus de développement et de protection de l'environnement. Ce travail met donc en relief l'homme comme agresseur de son propre cadre de vie.

De fois, les conférences que tiennent les responsables et autorités de ce monde mettent au sommet les problèmes environnementaux liés à l'industrialisation, aux valeurs économiques et oublient un peu ce que peut avoir comme conséquences un conflit armé sur l'environnement. Evidemment notre étude peut, dans une certaine mesure, amener ceux-ci à s'arrêter un moment pour appréhender ce problème et prendre en considération puis y apporter des solutions.

Très peu des chercheurs s'intéressent à l'analyse des problèmes causés par toutes ces guerres sur l'environnement ou sur le cadre de vie des populations victimes. Et quand bien même il arrive qu'on le fasse, ils s'arrêtent en mi-chemin en ne mettant en évidence que les effets de ces guerres sur les espèces animales (Faune), sur les pertes en vie humaine[28]. Il est alors pour nous de nous intéresser à l'aspect qualificatif de l'environnement, tout en rassurant la garantie de sa protection par l'incrimination des atteintes, moyennant une procédure pénale spéciale, en temps des conflits armés.

---

[28] A. MULUMA MUNANGA, op. cit., p.18.

V.2. Objet

En fait, il est question de faire connaître à ceux qui lisent ce travail la lourdeur des conflits armés sur l'environnement, encore que tout conflit mette des vies en danger, et les moyens pour parvenir à une meilleure protection.

V.3. Délimitation

Si notre recherche peut s'articuler, d'une façon indirecte, autour des effets, des problèmes environnementaux que posent les conflits armés en RDC, le voyage dans d'autres cieux n'est pas à exclure encore que des redoutables et horribles combats se sont déroulés un peu partout dans le monde, surtout pendant et entre les deux guerres mondiales, 1914-1945.

Ainsi, nous nous hasarderons à prendre, à traiter et à analyser certains exemples de deux guerres.

VI.   SUBDIVISION DU TRAVAIL

Le droit de la guerre vise à limiter et à atténuer le plus possible les calamités de la guerre, à concilier les nécessités de la guerre avec les exigences humanitaires et environnementales. Quant au droit de l'environnement, il a pour objet de supprimer ou de limiter l'impact des activités humaines sur les éléments ou les milieux naturels. Mais, pendant des conflits armés les belligérants ne parviennent pas à respecter ces deux catégories de droit. Leur objectif principal est de vaincre l'ennemi par tous les moyens possibles. De cela, l'environnement en sort toujours victime. N'est-ce pas un problème de cohabitation du droit de l'environnement avec les situations de guerre ? Pour ce faire, la nécessité d'évaluer, d'analyser le droit ou l'environnement en temps des conflits armés se présente (Chapitre I).

Néanmoins, le droit de l'environnement est plus régi par de « Soft Law », des déclarations de principe dépourvues de tout caractère obligatoire et contraignant poussant les belligérants à les enfreindre, tout en sachant que rien ne peut leur arriver. Le passage de soft law à Hard law, pour ce fait, s'impose en vue d'incriminer et d'assurer la pénalisation des atteintes au droit de l'environnement en général, et particulièrement en temps de conflits armés. Ce qui conduit à la nécessité de protéger l'environnement en temps de guerre (Chapitre II).

PREMIER CHAPITRE

L'ENVIRONNEMENT (DROIT DE) EN TEMPS DES CONFLITS ARMES

Contrairement aux conflits armés, peu de situations mettent les personnes et l'environnement en danger. Lorsqu'un conflit éclate, le premier impératif est de sauver des vies et réduire les souffrances humaines. L'accent est mis sur les besoins humains immédiats et à court terme. Les préoccupations environnementales sont reléguées au second plan.

Néanmoins, quand bien même il pourrait paraître normal que les préoccupations environnementales ne constituent pas une priorité en temps de guerre et de crise humaine, la forte dépendance sur l'environnement et les ressources naturelles de la plupart des communautés africaines et celles d'autres régions des pays en développement prouve au contraire que l'environnement doit demeurer une priorité[29]. De ce fait, le seul but légitime que les belligérants doivent se proposer durant la guerre ou le conflit est l'affaiblissement de l'ennemi, comme l'indique la déclaration de Saint Peters bourg de 1868 ; mais non s'apprendre à l'environnement.

De nos jours, les belligérants ne cherchent non plus à atteindre, à blesser, à tuer, à décimer ou à détruire l'adversaire, mais bien à le faire disparaître, sans pour autant ménager un certain équilibre entre les nécessités militaires et l'humanité. Ce qui conduit à penser que les dégâts de conflits s'étendent bien au-delà des atteintes à la population. L'environnement est aussi concerné et touché. Il en sort souvent victime, avec des effets néfastes et des conséquences désastreuses (SECTION II). De quoi se demander la relation ou la cohabitation des conflits armés et de l'environnement (SECTION I).

---

[29] Cfr. Kofi Annan, Introduction : les conflits armés et l'environnement, HCR, Paris, 2001, p.2.

SECTION I. L'ENVIRONNEMENT ET LES CONFLITS ARMES

L'environnement est une partie de l'univers où, selon nos connaissances actuelles, se concentre toute forme de vie[30]. Il est un ensemble de milieux d'influences - milieux humains, naturels, économiques- qui agissent sur l'individu à tous les instants de sa vie quotidienne et détermine en grande partie son comportement dans toutes les dimensions de l'être[31]. L'environnement constitue pour l'homme un cadre idéal qui définit ses conditions matérielles de vie: il définit les relations économiques et vitales des groupes sociaux, créant au même moment des conflits entre ceux-ci parce qu'ayant chacun un intérêt particulier à sauvegarder. En conséquence, l'environnement devient un facteur des conflits (§I), de sorte à créer une dépendance ou un cercle vicieux du conflit, de la dégradation de l'environnement et de la pauvreté (§II), parce que ne profitant qu'aux forts.

§I. L'ENVIRONNEMENT COMME FACTEUR DES CONFLITS ARMES

Les conflits armés sont avant tout des drames humains. Mais, ils entretiennent une relation complexe avec l'environnement, qu'il ne faut pas sous estimer. Parfois, des questions environnementales d'accès aux ressources en sont, au moins partiellement, la cause[32].

En 2007, 67 des 328 conflits recensés dans le monde (d'intensité variable) sont liés aux ressources naturelles (A) qui, par la suite servent au financement des conflits (B).

A.   *L'environnement : Elément déclencheur de conflits*

En amont des conflits armés, l'environnement est également invoqué parmi les causes de déclenchement de ceux-ci. Les groupes armés ou belligérants cherchent à avoir une main mise sur les ressources naturelles ou mieux encore se créent le plus souvent dans des pays en forte concentration minérale. C'est dans cette perspective que Nissé Mughendi écrit *: « Les pays ayant sur leur territoire le plus*

---

[30] Cfr. A. KISS, Droit international de l'environnement, op.cit., p.13.

[31] A. Munanga et R. Ngomper, Guerre et problèmes de l'environnement en Afrique : Cas de la RDC, Développement et Coopération, n°3, Mai-Juin 2002, p.20.

[32] http://www.googleplanet.info/société/conflits.

de richesses naturelles-pétrole, or, cuivre, diamant, etc.-sont aussi les plus pauvres et surtout les plus instables politiquement suite à la convoitise de ces ressources.»[33]

Ainsi, au XXe siècle, de nombreux coups d'état sont liés à des enjeux pétroliers - en Iran contre Mossadegh- ou miniers -au Chili contre Allende[34]. De nombreuses guerres civiles trouvent leurs origines dans des tensions autour des problèmes d'accès à la terre, entre éleveurs et agriculteurs comme au Rwanda en 1994, d'accès à l'eau comme au Soudan dans les années 1980. Dans ce sens, il existe une corrélation très forte entre l'état de l'environnement et le conflit. La nature est la cause du déclenchement de conflits politico-économiques.

En RDC par exemple, les principales causes du conflit sont les richesses naturelles, immenses et variées (or, diamant, cobalt, hydrocarbures, coltan, uranium, niobium, bois, ivoire, étendu de terre, hydrographie). Pour le Groupe d'expert du Conseil de sécurité des Nations Unies, dans un rapport publié en Avril 2001, les principaux motifs du conflit en RDC sont devenus l'accès à cinq ressources minérales de première importance : colombotantalite ou coltant, diamant, cuivre, cobalte et or[35] . Sont aussi concernés, le secteur du bois et des produits agro-industriels comme le café, le thé, et la papaïne[36].

L'agression américaine en Irak en 2004 sous le régime de W. Bush n'avait d'autres motivations que l'accès libre aux ressources naturelles, notamment le pétrole. Il en est de même de la tension politique en Libye, de 2011, dite « révolution libyenne ». Les pays occidentaux, notamment la France de Sarkozy, ont eu une vision cachée motivée par l'accès au pétrole.

De ce qui précède, il peut être affirmé que les grands conflits armés à quelques exceptions près, sont motivés par la convoitise des ressources naturelles.

L'environnement comme facteur aggravant ou comme cause des conflits armés fait aujourd'hui objet de plusieurs études. Depuis le début des années 90, les travaux sur la rareté des ressources naturelles et la dégradation de l'environnement

---

[33] N.NZEREKA MUGHENDI, les déterminants de la paix et de la guerre au Congo Zaïre, CECRI, Bruxelles, 2011, p0295.

[34] A. Munanga et R. Ngomper, op.cit., p.21

[35] ONU, Rapport du Grouoe d'expert sur l'exploitation illégale des ressources natureslles et autres richesses de la RDC, NU, S/2001/357, 12 avril 2001.

[36] M. ALIOU BARRY,op.cit., p.199.

comme sources de conflits armés et d'insécurité se sont amplifiés et ont donné lieu à quatre écoles[37] de pensée :

1. Selon l' « *Ecole américaine* », représentée par Arthur Westing, les ressources naturelles, les changements environnementaux et la diminution des ressources contribuent pour beaucoup à l'émergence des conflits armés.

Si l'environnement peut être une des sources des conflits armés, il ne doit pas directement être considéré comme élément de base de tous les conflits qui peuvent intervenir. D'autres facteurs peuvent être avancés comme l'indique le Groupe de Toronto. L'on comprend bien que cette école américaine est bien constituée des environnementalistes pensionnés ; et ne doit que lier les conflits aux ressources environnementales, surtout, après n'avoir analysé que les conflits dans les pays en forte densité minérale.

2. Pour le « *Groupe de Toronto* », conduit par Thomas Homer Dixon, la rareté des ressources renouvelables (eau douce, terres, forêts, etc.) et des ressources non renouvelables (or, diamant, cuivre, etc.) à elle seule n'est pas source de conflit, mais doivent aussi entrer en jeu des facteurs sociaux tels que les mouvements de populations, les clivages sociaux, la faiblesse des institutions, les stress politiques et économiques, créant et renforçant la pauvreté et l'insécurité.
Il est tout à fait vrai de dire que seules les ressources naturelles ne peuvent être à la base des conflits. Si nous prenons l'exemple de la Somalie, constatons que les mouvements armés ne disposent pas sur les territoires qu'ils occupent de ressources susceptibles de donner lieu à une activité militaire comparativement, par exemple à la RDC. La faiblesse des institutions, les stress politiques et économiques entrent de plus en jeu. Il manque à cette école la précision sur la cause de plusieurs conflits armés.

3. L' « *Ecole de Suisse* » composée des chercheurs du Swiss Federal Institutte of Technology (Zurich) et de la Swiss Peace Fondation (Berne), dans le cadre du projet ENCOP (Environment and Project) argue que les principales causes des conflits armés tiennent essentiellement à des facteurs ethnico-politiques, les migrations régionales et transfrontières, les facteurs démographiques, l'accès aux eaux internationales et aux bassins fluviaux, ainsi qu'à l'exploitation néocoloniale des ressources.

---

[37] http://developpementdurable.revues.org/3365

Généraliste, cette école essaye de toucher à tout pour discerner les causes des conflits dans le monde. Elle rejoint à quelque sorte l'école ou le Groupe de Toronto.

4. Contrairement aux précédents, le « *Groupe de l'Oslo* », comprenant les chercheurs de l'International Peace Research Institute (PRIO), utilise des méthodes statistiques et des études de cas pour fournir une description des distributions géographiques et diachroniques des cas les plus fréquents des conflits environnementaux. Pour ces chercheurs, les variables écologiques et sociopolitiques se combinent dans des proportions variables pour se trouver à la racine des conflits.

De par toutes ces théories, le constat est que toutes mettent, de près ou de loin, l'environnement et les ressources naturelles en amont de conflits armés, malgré l'existence d'autres facteurs. Ceux-ci sont à la base au moins, de la plupart des conflits.

B.   L'environnement : Source de financement des conflits armés

Si la viabilité intrinsèque de l'Etat ne concerne que lui-même, la viabilité intérieure de l'Etat (son rôle dans la société) fait intervenir deux autres catégories d'acteurs : la population et l'entreprise, avec qui il partage et / ou dispute notamment les mêmes ressources. Une explication largement rependue des guerres dans le Tiers monde, y compris en RDC, est celle qui se focalise, selon Nissé Nzereka Mughendi, sur les motivations économiques, sur le rôle des économies de guerre, même si celles-ci s'enchevêtrent avec d'autres facteurs de conflictualité[38]. Les belligérants activent, pour satisfaire à cette exigence économique, les mécanismes de pillage des ressources de territoires qu'ils occupent.

Le pillage des ressources naturelles et l'exploitation de l'environnement alimentent de nombreuses guerres. Les pierres précieuses ont servi à financer les conflits en Birmanie, en Sierra Leone, au Liberia, en RDC,... Elles ont fourni environ quatre milliards de dollars aux rebelles de l'UNITA en Angola, entre 1992 et 2001 ; le trafic de bois a rapporté aux Khmers rouges 240 millions de dollars par an dans les années 1990[39].

---

[38] N. NZEREKA MUGHENDI, op. cit., p.293.
[39] Cfr. M. ALIOU BARRY, op. cit., p.180.

Dans son article consacré au rôle des ressources minérales dans les guerres et violences au Kivu, Pierre Jacquemot montre comment les conflits récents au Kivu ont conduit à une criminalisation de la société rurale faite de désordre et d'insécurité. Durant la progression de l'AFDL, note-t-il, *« les zones occupées ont été systématiquement dépouillées de leurs ressources pour financer la guerre (…). Leurs activités ne sont pas seulement limitées à l'exploitation et l'exportation minières, mais ont concerné aussi l'importation de produits pétroliers et d'autres biens, servant à acheter armes et munitions pour poursuivre le combat au Congo »*[40]. La persistance de l'insécurité devient l'occasion propice d'enrichissement et l'exploitation maximale des ressources naturelles comme étant la finalité.

De par le comportement qu'affichent les belligérants sur le territoire occupé, Roger Kasereka Mwanawavene conclut : *« il est clair que tous les belligérants n'ont aucun intérêt à ce que cesse le conflit tant que leurs troupes peuvent se déployer dans les zones minières et en tirer profit. Aussi longtemps que des acheteurs sont disposés à participer au trafic des minerais, les groupes militaires n'ont aucune raison de déposer les armes. Les bénéfices dégagés par l'exploitation minière et des réseaux de trafiquants d'armes permettent aux rebelles d'acquérir armements lourds, canons, etc. »*[41] Ce qui prouve à quel point les ressources naturelles financent en grande partie, voire en totalité les conflits armés, entrainant ainsi une surexploitation des ressources.

La surexploitation des ressources naturelles est souvent reliée directement au conflit armé pour des motifs aussi bien de subsistance qu'à des fins commerciales. Ce qui préjudicie d'une manière ou d'une autre l'environnement, surtout lorsqu'ils doivent, d'après Mamadou Aliou Barry, piller les ressources naturelles des zones où ils combattent pour financer l'achat d'armes[42]. Les ressources naturelles pillées sont vendues à des grandes entreprises multinationales fabriquant des armes qui, par la suite, les redonnent aux belligérants ou financent les activités des ceux-ci afin de profiter des ressources naturelles comme le diamant, le coltan, l'or, le bois, etc.

L'ONG Britanique Global Witness, spécialisée dans la dénonciation des trafics de ressources naturelles et le financement des conflits, a révélé dans un rapport paru en 2008 que le Zimbabwe par le biais de la société Congolaise pour l'exploitation

---

[40] Cfr. Pierre Jacquemot cité par R.KASEREKA MWANEWAVENE, Dynamiques locales et pressions extérieures dans la conflictualité armée au Nord-Kivu : cas des territoires de Beni-Lubero, Gent, Avril 2010, p.246.
[41] R. KASEREKA MWANAWAVENE, op. cit., p.247.
[42] Cfr. M. ALIOU BARRY, op. cit., p.369.

du bois (SOCEBO) a obtenu 33 millions d'hectares de concession forestières en RDC[43]. Cette même ONG, dans un autre rapport paru en 2010 intitulé « *Face à un fusil, que peut-on faire* », montre combien les entreprises de télécommunication, notamment NOKIA, SAMSUNG, ALCATEL financent les activités militaires en RDC. Même dans le film, « le sang dans nos potables », il est bien démontré le mécanisme de financement de conflit à l'Est de la RDC par les entreprises multinationales.

Cependant, de par toutes ces enquêtes et ces différents rapports, force est de constater que les ressources naturelles et/ou l'environnement restent une source inévitable, de loin ou de près, des conflits armés qui sévissent de partout dans le monde. Ils font l'objet de convoitise des parties belligérantes impliquées dans tel ou tel autre conflit, qui ne cherchent qu'à en tirer profit et s'en enrichir au détriment de la population de territoire occupé. Leur vie devient de plus en plus précaire.

Dans la quasi-totalité des conflits, l'environnement est surexploité par des belligérants aux fins de financer leurs activités. Mais aussi, à mesure que la population grossit et que la demande des ressources s'accroît, le risque que ces dernières deviennent l'enjeu des conflits augmente. Il en ressort que les ressources naturelles et/ou l'environnement, d'après le Word Watch Institute, motivent, exacerbent et financent les conflits armés[44].

Tous ces facteurs ont également des conséquences plus générales et des répercussions économiques et sociales qui, à leur tour, ont un impact considérable à long terme sur l'environnement et sur ceux qui en dépendent.

§II. LE CERCLE VICIEUX DU CONFLIT DE LA DEGRADATION DE L'ENVIRONNEMENT ET DE LA PAUVRETE

La vie de l'homme est étroitement liée à l'environnement. Il ne peut donc survivre qu'en le protégeant et en le préservant. Or, l'environnement dans lequel vivent les populations en guerre laisse à désirer et ne leur permet pas de bien vivre comme par le passé car c'est toute la vie qui y est perturbée[45]. Il perd son caractère

---

[43] Cfr. Ibidem

[44] www. Novethic.fr/l'environnement blessée par les conflits armés.

[45] A.M. ALIOU BARRY, op.cit., p.368.

habitable et la vie devient précaire. Ce qui engendre le plus souvent une pauvreté et provoque l'épuisement des ressources et de la biodiversité.

L'épuisement de la biodiversité et des ressources naturelles de base provoqué par un conflit armé nuit au potentiel de paix et de subsistance durables des résidants de longue date d'une région. Bien que les conflits sont déclenchés pour des motifs tout à fait différents, l'épuisement des ressources et la dégradation de l'environnement peuvent entraîner une région, selon Kofi Annan, dans un cercle vicieux tel que la pauvreté, l'instabilité politique accrue, l'intensification des conflits armés, la dégradation accrue de l'environnement et la pauvreté[46]. Pour dire, la dégradation de l'environnement conduit à une augmentation de la pauvreté qui accroît l'instabilité politique et à son tour, attise le risque de conflit armé. La dégradation de l'environnement génère de la pauvreté et favorise la mise en place d'un cercle vicieux reliant épuisement des ressources, instabilité politique, intensification des conflits armés, accroissement de la dégradation de l'environnement et de la pauvreté.

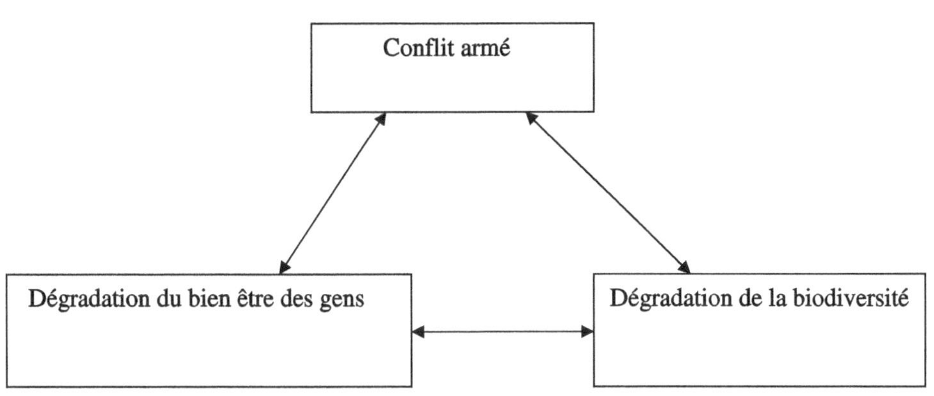

En ce sens, l'environnement est source de conflits. L'objectif des belligérants est parfois l'appropriation de certaines ressources. Inversement, les ressources servent parfois à financer un conflit. Cependant, la relation entre rareté des ressources naturelles et conflits armés n'est pas toujours précisément établie[47]. Dans bien des cas, quand bien même ces liens seraient circonstanciels, il est plus juste de percevoir la rareté des ressources naturelles comme le symptôme de problèmes de

---

[46] Cfr. Kofi Annan,,op.cit., p.13.
[47] M. Rafael   HUSSEYNOV, Les conflits armés et l'environnement, Cedex-UE, Strasbourg, Doc 12774 Octobre 2011, p.11.

société plus importants et non comme la cause directe de conflits[48]. Les conflits tendent souvent à exacerber des conditions existantes plutôt que de créer de nouveaux problèmes.

L'environnement agressé, traumatise provoque le stress. La guerre interrompt le processus de satisfaction car elle dégrade l'environnement, dommageable au bien être des générations présentes et futures. Les précieuses réserves de la biosphère sont menacées de disparition.

Les conflits armés entraînent une véritable crise environnementale dont les conséquences sont néfastes.

SECTION II. CONSEQUENCES ENVIRONNEMENTALES DES CONFLITS ARMES

Tout conflit armé met des vies en danger. Dans la violence des combats, les populations ne sont pas les seules victimes. La nature est aussi concernée et souvent mises en mal par les belligérants. Des prémices de la guerre aux situations post-conflit, en passant par toutes les étapes des combats, l'environnement subit les dégâts collatéraux des luttes politiques. Avec lui, les générations suivantes qui doivent vivre dans une nature détruite[49]. Cela prouve en suffisance que les principes du droit international humanitaire sont trop bafoués, tout en usant des moyens, méthodes et stratégies de guerre contra legem.

La stratégie étant une mise en œuvre de tous les moyens capables d'amener l'adversaire à merci, y compris éventuellement une « *capitulation sans condition* », les stratégies ont de tous les temps cherché de nouvelles armes ou de nouvelles démarches pour résoudre le plus complètement possible leur problème au fur et à mesure que des progrès techniques, scientifiques et industriels offrent aux belligérant des nouveaux points d'application pour leurs forces et de nouvelles forces à mettre en jeu pour accomplir leur dessein [50]: ce sont des armes de guerre qui peuvent avoir des conséquences sur l'environnement. (§I).

Les dégâts de conflit s'étendent bien au-delà des atteintes à la population. Tous les conflits armés ont un impact sur l'environnement. La pluie de bombes qui s'abat

---

[48] Kofi Annan, op.cit., p.13.

[49] D. LAGOLNITZER (sous la direction de), La science et la guerre : la responsabilité des scientifiques, Harmattan, Paris, 2006, p.105.

[50] J.P. Esclavard, Sciences et Techniques actuelles, Tome 4, Clartés, Paris, 1983, p.7141-2.

sur les champs de bataille provoque des conséquences écologiques et des effets sur l'environnement ; et meurtrissent les terres. (§II).

§I. LES ARMES DE GUERRE ET L'ENVIRONNEMENT NATUREL

Dès son origine, le droit international humanitaire a imposé des limites au droit des belligérants à provoquer souffrances et blessures aux personnes et à détruire les biens, y compris l'environnement naturel. Cette notion figure dans la Déclaration de Saint-Pétersbourg de 1868 dans les termes suivants : « Le seul but légitime que les Etats (belligérants) doivent se proposer durant la guerre est l'affaiblissement des forces militaires de l'ennemi (…) »[51]. Elle sera renforcée par la convention dit « ENMOD »[52], qui interdit efficacement l'utilisation des techniques de motification de l'environnement à des fins militaires ou toutes autres fins hostiles afin d'éliminer les dangers que cette utilisation présente pour l'humanité.

Cependant, pour des raisons à la fois tactiques et de représailles, les belligérants utilisent des armes polluantes (A) et à destruction massive (B) selon l'importance du conflit. En dehors de combat, les armes peuvent avoir des effets sur l'environnement. (C).

A.   *Destruction de l'environnement par les armes polluantes*

Certaines armes polluent l'environnement, de par les produits utilisés dans leur fabrication. L'utilisation de type d'armes dans des conflits prouve combien elles sont destructrices. Ce qui a éveille la conscience des autorités du monde pour tenter, dans la mesure du possible, à les interdire au mieux à réglementer leur utilisation.

---

[51] Déclaration de Saint-Petersbourg de 1868 à l'effet d'interdire l'usage de certains projectiles en temps de guerre, 29.11 au 11.12.1868.

[52] Convention sur l'interdiction d'utiliser des techniques de modification de l'environnement à des fins militaires ou toutes autres fins hostiles du 10.12.1976.

1.   Cas concrets

La première guerre mondiale est le premier conflit à produire des dommages durables et étendus à l'environnement. En effet, le conflit a été à l'origine de l'utilisation massive de nouvelles armes beaucoup plus polluantes. L'artillerie et des mortiers de grandes tailles ont déversé des bombes en quantité jusqu'alors inégalée[53]. La guerre change alors de nature car, pour la première fois, on s'appuie sur une composante de l'environnement, en l'occurrence l'atmosphère pour porter un coup fatal à l'ennemi. Cela conduit J. Freidrich à conclure que « l'environnement entre dans la partie, pour devenir une victime de guerre de plus »[54].

La seconde guerre mondiale a été elle aussi à l'origine d'une catastrophe écologique. En effet, si les armes chimiques n'ont pas été utilisées, les mines qu'elles soient marines ou terrestres, ont été dispersées en des quantités jusqu'alors inégalées. Le désert libyen est encore aujourd'hui pollué par les mines allemandes, italiennes et anglaises en particulier dans la région de Tobrouk[55]. Ce qui a fait qu'à un certain moment le Guide Libyen M. Kadhafi a exigé la réparation de tous ces dommages à l'Italie. La France a aussi souffert de la pollution des mines allemandes.

Lors de la guerre de Vietnam, entre 1962 et 1971, l'aviation militaire américaine a déversé 70 millions de litres d'herbicides, et notamment le très puissant *« agent orange »* c'est-à-dire *« Terre brulée ou dioxine »*. Les herbicides ont gravement endommagé les forêts vietnamiennes et la dioxine, contenue dans l'agent orange, a perturbé l'ensemble de la chaîne alimentaire même si la nature l'élimine progressivement.

A l'action des herbicides, il convient d'ajouter les bombardements intensifs et l'utilisation de certaines armes destinées à détruire la forêt. La plus célèbre des bombes utilisées est la bombe gravitationnelle BLU 82. Elle a détruit toute végétation sur 500 mètres carrés[56]. Les forces américaines ont utilisé cette bombe, selon leur argument, afin de débarrasser le terrain de toute végétation et d'offrir instantanément un terrain d'atterrissage pour les hélicoptères de combat.

---

[53] David Guillard, Les armes de guerre et l'environnement naturel, Harmattan, Paris, 2006, p.16.
[54] J. FREIDRICH, L'incendie : l'Allemagne sous les bombes 1940-1945, éd. De Fallois, Paris, 2003, p.91.
[55] A. DAWI cité par David Guillard, op.cit., p.16.
[56] G. DUPONT, Le pouvoir absolu des armes électroniques, Sciences et vie, Parie, janvier 2002, p.50.

La guerre de Vietnam est ou a provoqué une catastrophe écologique. D'ailleurs, c'est elle qui a amené les autorités et dirigeants du monde à prendre conscience des conséquences environnementales provoquées pendant les conflits armés par des armes. C'est ainsi qu'on est arrivé à une réglementation de l'utilisation de certaines armes.

2.   Réglementation de l'utilisation des certaines armes

Cette réglementation veut que les moyens de combat soient choisis et utilisés de manière à éviter les pertes et dommages inévitables à l'environnement. Ainsi, il est interdit d'utiliser des armes qui sont de nature à causer des maux superflus ou des souffrances inutiles et des dommages étendus, durables et graves à l'environnement naturel57. Ce qui conduit à « *l'obligation de prendre en compte l'environnement* » à l'occasion de toute action risquant d'avoir un impact sur l'environnement. Pour Michel Pieur, « *réfléchir avant d'agir est un précepte qui doit guider en toute occasion l'action des hommes, tout en examinant les effets directs et indirects, immédiats et lointains, individuels et collectifs* ».[58]

C'est ainsi que certaines armes spécifiques et leur utilisation sont régies par des traités particuliers, que voici :

1° Déclaration de Saint-Pétersbourg de 1868 à l'effet d'interdire l'usage de certains projectiles explosibles d'un poids inférieur à 400 grammes

2° Déclaration de La Haye de 1899 interdisant l'emploi des balles qui s'épanouissent ou s'aplatissent facilement dans le corps humain ;

3° Le protocole de Genève du 17.06.1925 prohibant l'emploi, à la guerre, de gaz asphyxiants, toxiques ou similaire et de moyens bactériologiques ;

4° La convention sur l'interdiction d'utiliser des techniques de modifications de l'environnement à de fins militaires ou toutes autres fins hostiles du 10.12.1976,

5° La convention sur l'interdiction ou la limitation de l'emploi de certaines armes classiques qui peuvent être considérés comme produisant d'effets traumatiques excessifs ou comme frappant sans discrimination, du 10.10.1980.

---

[57] F. DE MULINEN, Manuel sur le droit de la guerre pour les forces armées, CICR, Genève, 1989, p.97.
[58] M. PRIEUR, op.cit., p.84.

- Protocole I relatif aux éclats non localisables
- Protocole II sur l'interdiction ou la limitation de l'emploi de mines, pièges et autres dispositifs.
- Protocole III sur l'interdiction ou la limitation de l'emploi des armes incendiaires
- Protocole IV relatif aux armes à laser aveuglantes.

Au début des années 70, une autre crainte a encore rendu plus aigue la nécessité de préserver l'environnement en cas de conflit armé, en l'occurrence l' « *hiver nucléaire* » qui peut avoir, mieux qui a des conséquences dramatiques sur l'environnement naturel. L'arme nucléaire reste redoutable et incontournable. Elle mérite une analyse toute particulière, de par sa façon et sa capacité dommageable et du fait qu'aujourd'hui plusieurs Etats cherchent à s'en procurer.

B.   *Arme à destruction massive : Arme nucléaire*

L'intrusion du fait atomique sur le champ de bataille, au mois d'Août 1945, a largement ouvert une incroyable voie nouvelle aux stratégies et stratèges en mettant entre leurs mains non plus de quoi atteindre, blesser, tuer, décimer ou détruire l'adversaire, mais bien de quoi le faire instantanément disparaître. Nous voilà loin de cette guerre totale dont l'évocation terrorise les contemporains de Bismarck, Guillaume II et même Hitler.

Cette guerre dite totale s'en prend, selon Jean-Pol Esclavard, *« en dehors de toute tradition guerrière, en dehors de toute convention humanitaire, et au-delà du rideau des combattants armés en uniforme, à tous les potentiels d'un pays, qu'ils relèvent ou non d'un ministère dit de la guerre »*[59]. Ce qui veut dire ; c'est une guerre dans laquelle les belligérants ne font pas distinctions entre les objectifs militaires et les objectifs civils. Et que donc, c'est toute une nation qui est menacée d'une atteinte fonctionnelle mortelle. Cela étant, David Guillard écrit : *« A la suite d'une guerre atomique généralisée, les effets sur le climat sont analogues à ceux provoqués par une éruption volcanique mais d'une intensité beaucoup plus forte*[60] *»*. Il apparait non moins évident que l'on a affaire à un risque spécifique en raison de l'importance des conséquences potentielles entraînées par l'existence même des substances radioactives sur l'homme et sur

---

[59] J.P. Esclavard,op.cit, p.7141-2.
[60] David Guillard, op.cit., p.17.

l'environnement, dans le temps et dans l'espace[61]. Les milieux de nuages de poussière et fumée soulevées par l'explosion forment alors un voile autour de la terre l'empêchant de recevoir la lumière du soleil. Ce voile met, selon les spécialistes, des mois avant de se dissiper[62]. Durant cette période d'obscurité, la température au sol descente plusieurs mois au-dessus de zéro, avec des conséquences probablement décisives pour la vie de la planète.

Lorsqu'on associe guerre et environnement, l'exemple le plus poignant reste Hiroshima où la première bombe atomique a été lancée. Issue d'une folie guerrière, le lancement de cette bombe a fait une catastrophe humaine inimaginable, et a laissé une terre à jamais marquée par l'explosion de la bombe nucléaire.

Cette dernière est une arme composé de particules infinitésimales appelées atomes qui mesurent un cent millionième de centimètre. Au cœur de chaque atome, des protons et des neutrons sont liés par des mésons forment le noyau. Quand un noyau se casse et se reforme, des particules s'en échappent à la vitesse de la lumière produisant de grandes quantités d'énergie[63]. Les armes nucléaires utilisent cette puissance formidable des atomes.

C'est en 1938 que les scientifiques allemands ont découvert la fission nucléaire de l'uranium. L'année suivante, des chercheurs allemands qui demandent l'asile politique pour fuir le nazisme d'Hitler se retrouvent ensemble aux Etats Unis. Parmi eux, on peut citer, le Physicien Albert Einstein. Ils envoient une lettre au président Roosevelt lui conseillant de développer les recherches pour la bombe atomique. Il redoute les conséquences d'une fabrication et d'une utilisation par les Nazis[64].

Le 16 juillet 1945, l'Amérique fait exploser une première bombe nucléaire ultrasecrète, par essai, à Alamogordo au nouveau Mexique, sous le règne du président H. Truman. C'est la naissance du bébé, dit-il.

Le 06 Août 1945, voulant remporter une grande victoire sur ses ennemis, les USA larguent une première bombe à Hiroshima. Trois jours plus tard, le 09 Août 1945, c'est le bombardement de Nagasaki. En un instant, Hiroshima et Nagasaki ont été

---

[61] S. CHARBONNEAU, Droit communautaire de l'environnement, Harmattan, Paris, 2006, p.191.
[62]

[63] C. MEYER, L'arme chimique, Ellipse, Paris, 2001, p.50.
[64] Ibidem, op.cit., p.60.

réduites en des villes dévastées par la mort. Il y a eu des dommages d'une violence inouïe à tout ce qui existe sur terre et à l'environnement.

L'explosion d'une tête nucléaire, de par l'énergie qu'elle libère, est à l'origine de conséquences effroyables en termes de vies humaines et de bilan matériels ou environnemental. Au moment de l'explosion, dit Jean-Pol Esclavard, les poussières et particules sont aspirées par la dépression et, un « *champignon atomique* » se forme, s'élevant jusqu'à une dizaine de kilomètre de haut, pour s'évanouir ensuite sous l'action du vent, une heure environ après sa formation, tandis que les particules radioactives retombent [65]sur terre. Celles-ci se traduisent principalement par une destruction totale de la zone d'impact, des radiations mortelles pour les organismes vivant dans le secteur de l'explosion ou par des retombées radioactives un peu partout à travers le globe, surtout dans la zone proche de l'impact.

A Hiroshima, par exemple, une terrifiante masse de feu s'est déplacée à quelque 150 km/h, allumant de tous côtés des incendies, transformant en quelques minutes la ville en brasier. A Nagasaki, à plus de 2 km du point d'explosion de la bombe, les vêtements ont pris feu[66]. Bien entendue, le principal risque pour l'homme consiste à se trouver à proximité du site d'explosion de la bombe nucléaire : celui-ci est alors immédiatement happé par la vague de chaleur dégagée par l'explosion et finit vaporisé : triste destin qui s'est pourtant déjà produit en 1945. Les personnes se trouvant à quelques dizaines de kilomètres du point d'impact, même si elles ne sont pas vaporisées, finissent tout de même très certainement mortes, ensevelies sous leur habitation[67]. Mais aussi, il a été constaté que une dose de radiation mortelle est accumulée par une personne sans protection située à 30 ou 40 kilomètres, sous le vent, par rapport au point d'impact. Cette personne ne survit pas plus de 25 minutes dans un tel environnement. A une distance de 65 à 75 km du point d'impact, une personne n'a au plus que 3 heures pour trouver un abri avant de succomber.

Ces radiations ont des effets très néfastes sur la santé de la population survivante ou qui échappe à la mort. Il peut s'agir des dommages corporels se traduisant la plupart du temps par des brulures, des cancers de la peau, de la thyroïde, des poumons, des os et par des leucémies[68] (augmentation du taux de globules blancs dans le sang) et les dommages génétiques se traduisant par des naissances

---

[65] J.P. Esclavard, op. cit., p.7141-5.
[66] Cfr. Idem.
[67] Cfr. http//www.liviscience.com/forces of nature/061211
[68] Cfr. J.P. Esclavard, op.cit., p.7141-5

anormales – tel qu'observer à ces jours au Japon-, des maladies dégénératives dues aux gamètes des parents[69].

Les conséquences environnementales sont également nombreuses mais concernent principalement la misse en altitude d'un écran de poussière, qui cache les rayons du soleil entraînant ainsi une baisse de température, et la destruction de la couche d'ozone ; destruction aboutissant à une baisse générale des températures et à un passage accru des ultra violet.

Constatons que le développement de ce nouveau type d'armement ne peut avoir, au regard des normes protégeant directement ou indirectement l'environnement, qu'une légitimité très discutée[70]. C'est ainsi que la cour international de justice a été saisie par l'OMS d'abord, puis par l'Assemblée Générale de l'ONU de la question de savoir « *s'il est permis en droit international de recourir à la menace ou à l'emploi d'armes nucléaires en toute circonstance* »[71].

La cour par sa décision a d'abord constaté que les armes nucléaires ont été inventées après l'apparition de la plupart des principes et règles du droit humanitaire. Ensuite, elle a dit que les Etats ne doivent jamais prendre pour cible de civils, ni en conséquence utiliser des armes qui sont dans l'incapacité de distinguer entre cibles civiles et cibles militaires. Il ne faut donc pas causer des maux superflus aggravant inutilement les souffrances et en les infligeant à l'homme, tout en rendant son environnement invivable et causant des dommages aux générations futures. Enfin, la cour a conclu que la menace ou l'emploi d'armes nucléaire serait généralement contraire aux règles du droit international applicable dans les conflits armés (…)[72].

L'on se rend compte que la cour est partie du constat amère de la dévastation de l'environnement en Irak suite à l'utilisation d'armes illégales sous la forme de bombe à fragmentation et au phosphore blanc et d'armes à énergie cinetriques et à uranium appauvri[73]. Ce qui crée au moins la crainte que présente l'utilisation d'une telle arme.

La guerre nucléaire totale se révèle être une menace si pesante sur le devenir même de l'humanité. Actuellement, le risque provient de l'Iran qui, sous couvert de produire de l'électricité à partir de l'énergie nucléaire -exploitation civile-,

---

[69] http//.livescience.com/forcesofnature/061211.
[70] Cfr.David Guillard,op.cit., p.18.
[71] CIJ, Licéité de la menace ou de l'emploi d'armes nucléaires, Rec.1996, pp244-245.
[72] Cfr. Idem.
[73] D. LAGOLNITZER (sous la direction de), op.cit., p.165.

développe sans aucun doute des bombes atomiques -exploitation militaire. Ce qui crée une tension vive entre l'Amérique (USA) et l'Iran. Les USA craignent que ces armes soient utilisées contre eux plus tard. C'est dans ce sens qu'ils surveillent l'Iran de près et contrôlent toutes ses activités militaires ou mieux nucléaires. Ils ne veulent pas que le « Robust Nuclear earth penetrotor bomb » (RNEP) tombe entre les mains de l'Iran, surtout du monde Arabe.

Les armes de guerre ne sont pas très dangereuses seulement lorsqu'elles sont en activité donc en temps de guerre ou de conflits armés ; mais également en temps de paix, elles sont redoutables en termes de conséquences.

C.   *Les armes de guerre en temps de paix*

Les armes de guerre ne polluent pas l'environnement uniquement lorsqu'elles sont employées sur les champs de bataille mais aussi lors des phases d'essaie ou de destruction de celles-ci voire de stockage. Cela prouve à combien l'industrie d'armement est en amont des conséquences environnementales parce que dans leur processus de conception, de production, d'entretien et de démantèlement, comme le dit M. Rafael Huseynov, ne respectent pas les principes du développement durable, utilisant de matériaux polluants[74].

Prenant en compte le risque d'accident nucléaire majeur qui a été considéré comme une hypothèse d'école perçue comme un fantasme d'opposants au progrès techniques par les partisans de cette forme d'énergie, la catastrophe nucléaire est devenue une réalité suite à l'accident de Tchernobyl en 1986 et de Fukushima en 2011. Quelles qu'en soient les circonstances, ces événements historiques ont bien confirmé l'ampleur de l'accident majeur nucléaire et, par là même, avec caractère transfrontalier, puisque, d'une part, toute l'Europe a été touchée plus au moins gravement par le nuage radioactif et que, d'autre part, des milliers de kilomètres carrés autour de ces centrales sinistrées ont été interdits à la population pour une durée indéterminée[75].

Pas plus tard, le 04 mars 2012, l'explosion d'un dépôt d'armement de Mpila à Brazzaville, a causé d'importants dégâts environnementaux transfrontières, parce que la ville de Kinshasa, étant de l'autre côté du fleuve, a été touchée. Il en est de même de l'explosion survenu au Kenya en 2010 d'un dépôt d'armement.

---

[74] M.R. HUSEYNOV, op.cit., p.12.
[75] S. CHARBONNEAU, op.cit., p.192.

A part les conséquences causées par des armes de guerre, l'environnement subit des graves dommages difficiles à évaluer en temps de guerre.

§II. LES IMPACTS DES CONFLITS ARMES SUR L'ENVIRONNEMENT

Il est toujours difficile de penser que l'environnement n'est jamais victime en temps de conflits. Certes, même avant, pendant et après un conflit armé, l'environnement subit d'effets désastreuses incalculables provoquant, par exemple, la pollution, la disparition de certaines ressources naturelles suite à une surexploitation ; à une destruction de l'habitat et à une perte d'animaux sauvages (B).

Etant un cadre idéal dans lequel se dessine la vie de l'homme, l'environnement, une fois touché par les conflits armés, provoque nécessairement des effets sur la santé voire le vécu quotidien de l'être humain (A).

A.   *Conséquences sur la vie humaine*

Les conflits armés entraînent une crise environnementale à la survie de l'homme. Celui-ci se trouve, en temps de conflits, dans un milieu pollué, ne permettant pas la continuité de sa vie. Les différents massacres des êtres vivants (animaux ou humains) par les forces antagonistes polluent l'air dont on a besoin. Cette pollution a des effets chroniques et aigus sur la santé de la population. Elles sont responsables de plusieurs maladies qui provoquent des décès prématurés, des cas de toux, et tant d'autres épidémies à l'instar du VIH/SIDA et d'afflux de la population.

Les conflits créent des mouvements de déplacements des populations. Cet afflux des refugiés pèse lourdement sur l'environnement. Ainsi, le conflit au Rwanda et les événements qu'il a déclenché dans l'Est de la RDC par exemple, sont une des causes majeures de la déforestation de la région. Le parc national de Virunga a beaucoup souffert. L'Union Mondiale pour la Nature (UICN) a rapporté qu'en six mois, les réfugiés rwandais et les soldats Hutus des camps situés autour de la ville de Goma en RDC ont détruit environ 300km² du parc national de Virunga en cherchant du bois ou de quoi survivre[76].

En mars 2000, le PNUE a signalé dans le Sud de la Guinée, suite à l'afflux d'environ 600 000 refugiés fuyant les guerres en Sierra Leone et au Liberia, une transformation de zones sauvages et forestières avec de graves conséquences sur la biodiversité et le réseau hydrique.[77] De quoi dire, les conflits armés portent atteinte à la vie, à la santé, au bien être physique ou mental des personnes et provoque de temps à autre la famine.

En effet, la vie de l'homme est étroitement liée à l'environnement de manière qu'il ne peut vivre et survivre que grâce à lui. Les conflits armés rendent l'environnement invivable, perturbent fondamentalement le destin des populations et aggravent leur précarité. Ils soulèvent aussi et surtout la question particulière de l'habitabilité de l'environnement étant données les nuisances et pollutions provoquées.

B.   *Conséquence sur l'environnement*

Outre les nombreux morts et blessés, les conflits entraînent des conséquences écologiques grandioses telles la pollution, la dégradation ou la destruction de la terre et des habitats, la surexploitation des ressources, la destruction de la faune et de la flore.

1.   La pollution et la dégradation

La pollution de l'environnement est un autre des effets graves des conflits armés. La pollution peut servir sous différentes formes. Elle peut découler directement d'opération militaire[78], du fait de ne distinguer les objectifs militaires des objectifs civils, en attaquant l'environnement pour asphyxier l'ennemi. Les déchets militaires polluent des territoires pendant des décennies. Les munitions non désamorcées et les mines contaminent les sols et les eaux sur le long terme[79]. C'est le cas de la RDC, où l'on retrouve des déchets d'armement un peu partout. Au

---

[76] M. ALIOU BARRY, op.cit., p.368.
[77] Cfr. Ibidem, p.369.
[78] Kofi Annan, op. cit., p.9.
[79] M. R. HUSEYNOV, op.cit., p.11.

Vietnam, les cancers et malformations provoqués par des agents polluants, comme l'agent orange, affectent plusieurs générations d'enfants. Cela entraîne une dégradation de l'environnement.

La guerre Iran-Irak, de 1980 à1988 a été caractérisée, dit M. Rafael HUSEYNOV, par l'utilisation d'armes chimiques et biologiques, et par le déversement de pétrole dans le golfe. Voilà une pollution la plus importante de l'histoire. L'utilisation de tabun (gaz neurotoxique) et de gaz moutarde contre les iraniens et les kurdes a généré des pollutions environnementales conséquentes, au-delà des horribles effets sanitaires évidents[80]. La disparition et la persistance de l'uranium appauvri dans l'environnement soulève la question de la contamination et de la destruction des sols et de l'eau, de la biodiversité et de l'écosystème.

2.   Destruction de la biodiversité et de l'écosystème

La destruction de l'habitat et la disparition d'animaux sauvages sont parmi les effets les plus répandus et les plus graves des conflits armés sur l'environnement et se produisent pour des raisons stratégiques, commerciales ou de subsistance. A titre d'exemple, la végétation peut être coupée, brulée ou défoliée pour accroitre la mobilité et la visibilité des troupes. Au Rwanda, en 1994, l'armée rwandaise fauche une bande de 50 à 100 mètres de longueur à travers la forêt de bambous attenante aux volcans de Virunga dans le but de réduire les risques d'embuscade le long d'une piste importante[81].

En Afghanistan, le conflit, engagé en 2001, a dégradé les capacités de gestion environnementale, détruit les infrastructures et a entravé les activités agricoles. Ces effets, couplés à trois ou quatre années de sécheresse affectent une grande partie du pays, ont profondément détérioré les terres et les ressources naturelles, abaissant les niveaux d'eau, asséchant les marécages, accélérant la déforestation et la perte de la couverture végétale et favorisent la disparition de la faune sauvage[82]. La guerre de l'Est, du Nord et du Sud, en RDC, élimine ou a éliminé les espèces animales rares telles l'Okapi, les gorilles, le rhinocéros blanc, etc. Il en est de même de la guerre au Soudan qui, de par l'exploitation massive de la faune du Parc national de la Garamba en RDC par des braconniers en maraude, a fait

---

[80] Cfr. Idem
[81] Cfr. Kofi Annan, op. cit., p.5.
[82] M.R. HUSEYNOV, po. Cit., p.13.

massacrer plusieurs animaux du parc[83]. Cette pratique devient parfois une manipulation environnementale testée comme élément de stratégie militaire. Il devient alors une arme.

Les conflits aggravent les mauvaises pratiques agricoles et la déforestation ; entrainent la désertification, la sécheresse, l'érosion et la perte de fertilité des sols, la baisse des ressources naturelles pour des raisons de subsistance mais aussi à des fins commerciales et d'économie de guerre.

Dans ce contexte, il sied de constater que les guerres sont avant tout des drames humains qui engendrent également de nombreuses conséquences économiques, politiques et sociales, dont certaines sont liées directement à l'environnement. Les atteintes à l'environnement sont alors inévitables. L'impact de la guerre et parfois extrêmement durable et met des vies en danger. Ce qui suscite une nécessité de protéger l'environnement en temps de conflit.

---

[83] Cfr. Kofi Annan, op.cit., p.8.

DEUXIEME CHAPITRE

LA PROTECTION DE L'ENVIRONNEMENT EN TEMPS DE CONFLITS ARMES

Les guerres sont avant tout des drames humains, mais elles engendrent également de nombreuses conséquences économiques, politiques et sociales dont certaines sont liées directement à l'environnement. Ces facteurs environnementaux sont souvent moins évidents que la mort et la destruction constatée dans le sillage immédiat de la guerre[84]. Cependant, les conflits armés sont sources de catastrophes majeures pour l'environnement.

L'environnement peut être à la fois une victime des opérations militaires et une arme pour celles-ci. Les belligérants peuvent l'utiliser pour contraindre l'ennemi à céder, mieux pour chercher à imposer leur conviction de la guerre à l'ennemi. Cela se manifeste dans la guerre du Vietnam lorsque les américains ont utilisé la technique de la défoliation de la jungle vietnamienne, vers 1960. Cette situation a suscité la nécessité de protéger l'environnement en temps de conflits armés. Pour ce faire, David Guillard note *: « La guerre du Vietnam fut le premier tournant dans la prise de conscience des conséquences de la guerre sur l'environnement naturel. Le déversement d'énormes quantités de défoliant sur la jungle a interpelé l'opinion publique internationale. Les quantités d'herbicides répandues sur le pays ont été gigantesques. Entre 1962 et 1971, l'aviation militaire américaine a déversé sur le Vietnam quelques 70 millions de litres d'herbicides, et notamment le très puissant « agent orange ». Les herbicides ont gravement endommagés les forêts vietnamiennes et la dioxine, contenue dans l'agent orange a perturbé l'ensemble de la chaîne alimentaire même si la nature l'élimine progressivement[85] ».*

Cette guerre s'en est pris hors de toute tradition guerrière, hors de toute convention humanitaire, et au-delà du rideau des combattants armés en uniformes, à tous les potentiels d'un pays, qu'ils relèvent ou non d'un ministère dit de la

---

[84] Cfr. M. Rafael HUSEYNOV, op.cit., p.4.
[85] David GUILLARD, op.cit., p.14.

37

guerre[86]. Cette guerre a fait usage des méthodes et pratiques contraires au droit de la guerre -jus ad bellum- et au droit international humanitaire puisque, dès leur origine, ces droits imposent des limites aux comportements des belligérants sur le champ de batail notamment en leur interdisant de provoquer souffrances et blessures inutiles aux personnes et de détruire les biens y compris l'environnement naturel. Cette disposition figure dans la Déclaration de Saint-Pétersbourg de 1868 dans les termes suivants : *« Le seul but légitime que les Etats (belligérants) doivent se proposer durant la guerre est l'affaiblissement des forces militaires de l'ennemi (…) »*. Cette règle est également applicable à la protection de l'environnement contre les actes de guerre.

La sauvegarde l'environnement apparait comme enjeu prioritaire à partir des années 70. La protection de l'environnement devient essentielle et la législation tendant à réglementer les activités humaines susceptibles d'y porter atteinte devient pléthorique. Roselyne Nerac-Croisier écrit à ce sujet : *« la réglementation est d'autant plus complexe que les préoccupations environnementales sont le plus souvent universelles ne connaissant pas de frontières »*[87]. Cette spécificité explique la profusion de sources de droit tant au niveau international que national (SECTION I).

Néanmoins, les textes adoptés au plan international ne sont souvent que des déclarations de principe dépourvues de tout caractère obligatoire,-Soft Law-, parce qu'il n'existe, à quelques rares exceptions près, pour le moment, aucune autorité spécifique compétente pour sanctionner les belligérants ne respectant pas les règles posées. Il est alors impérieux de faire passer les différentes dispositions réglementaires de l'environnement de Soft Law à Hard Law tout en mettant la responsabilité des belligérants en jeu. D'une manière ou d'une autre, la participation du droit pénal à la protection de l'environnement parait opportune et nécessaire, avec sanction juridictionnelle (SECTIONII).

---

[86] Cfr. J.P. Esclavard, op.cit., p.8.
[87] R. NERAC-CROISIER, op. cit., p.8.

SECTION I. CADRE REGLEMENTAIRE DE PROTECTION DE L'ENVIRONNEMENT EN SITUATION DE CONFLIT

L'environnement est considéré comme le poumon de la planète terre. Il est un ensemble d'éléments naturels ou artificiels qui conditionnent la vie de l'homme. Celui-ci doit alors prendre l'environnement en considération avant d'entreprendre toute action susceptible de lui porter atteinte. Il doit prévenir tous les risques possibles et s'organiser en groupe pour discuter et décider des grandes questions en valeur environnementales.

Pour Barack Obama, *« le monde doit s'unir pour faire face aux changements climatiques. Les scientifiques sont quasi unanimes : si nous ne faisons rien, nous subirons une recrudescence de sécheresses, de famines et d'exodes qui alimenteront de nouveaux conflits pendant des décennies »*[88]. Pour dire, il existe un lien étroit entre environnement et sécurité car les dommages écologiques tels que la déstabilisation des écosystèmes ou l'épuisement des ressources naturelles peuvent affecter des conflits consécutifs aux déplacements des populations, aux privations économiques et sociales et à la pénurie des ressources[89].

Pour s'attaquer à ces problèmes, les grands de ce monde, chefs d'Etat et de gouvernements, organisent des rencontres et sommets climatiques pour chercher à réguler cette question, entre autre, la conférence des Nations Unies tenue à Stockholm en juin 1972 considérée comme marquant le point de départ de la reconnaissance du droit à la protection de l'environnement tout en plaçant les questions écologiques au rang des préoccupations internationales. Elle a été suivie par la conférence des Nations Unies sur l'environnement et le développement (CNUED) de Rio de Janeiro de juin 1992 au cours de laquelle a été adoptée une déclaration faisant progresser le concept des droits et des responsabilités des pays dans le domaine de l'environnement, même en temps de guerre lorsqu'elle annonce dans les termes de son principe 24 que, *« la guerre exerce une action intrinsèquement destructrice sur le développement durable. Les Etats doivent donc respecter le droit international relatif à la protection de l'environnement en temps de conflit armé et participer à son développement selon que de besoin ».*

Vient ensuite la conférence de Kyoto qui fixe de nouveaux objectifs concernant les émissions de gaz à effets de serre, dans un protocole dit de Kyoto.

---

[88] Barack Obama, disccours lors du sommet de Copenhague de 2009, cité par la revue Réveillez-vous, novembre 2011, p.12.
[89] Cfr. M. TSHIYEMBE, Le droit de la sécurité internationale, Harmattan, Paris, 2010, p.100.

En décembre 2009, est organisé un sommet à Copenhague, appelé COP15, avec comme objectif de remplacer le protocole de Kyoto et de fixer de nouveaux objectifs contraignants pour 2012 et au-delà. La COP15 a trois ambitions principales :

1° parvenir à des accords juridiquement contraignants ;

2° financer une solution permanente ;

3° s'étendre sur un système de surveillance des émissions[90] ;

En novembre 2011, c'est le sommet de Durban qui axe ses recommandations sur la réduction des émissions des gaz à effet de serre.

De ces conférences et sommets surgissent des principes à portée générale qui visent à protéger l'environnement en temps de paix tout comme en temps de guerre (§I). Pour dire, la protection de l'environnement en temps de guerre ne s'appuie pas nécessairement que sur des lois environnementales spécifiques (§II). Donc, la protection de l'environnement peut passer soit par la protection réglementaire soit par des mesures autres que réglementaires.

§I. PRINCIPES DIRECTEURS DE PROTECTION DE L'ENVIRONNEMENT

A côté des règles juridiques et/ou principes juridiques qui s'appliquent à l'environnement (A), de nombreux préceptes de guerre, souvent très anciens, qui fournissent une protection considérable pour l'environnement en période de conflit existent, sans pour autant aborder spécifiquement les préoccupations environnementales (B).

A. *Les grands principes du droit de l'environnement*

Le droit de l'environnement est régi par plusieurs principes dont les plus fondamentaux sont : les principes du développement durable, d'information et de participation du public au processus de prise de décisions ; d'action préventive et de correction, de précaution, de pollueur-payeur, de coopération et d'intégration

---

⁹⁰ Revue Réveillez-vous, op.cit., pp.12-13.

voire de prise en compte l'environnement naturel lors de prise de décisions politiques.

1.   Le principe de développement durable

Matrice conceptuelle qui inspire dorénavant le droit international de l'environnement dans son ensemble, la notion de développement durable déjà présente en pointille dans la déclaration de Stockholm est exprimée solennellement par celle de Rio qui en détaille les éléments et en précise la portée et a été réaffirmée par la Déclaration de Johannesburg sur le développement durable du 04 Septembre 2002[91].

La déclaration de Stockholm dispose : « *l'homme a un droit fondamental à la liberté, à la l'égalité et des conditions de vie satisfaisantes, dans un environnement dont la qualité lui permettra de vivre dans la dignité et le bien être. Il a le devoir solennel de protéger et d'améliorer l'environnement pour les générations présentes et futures* ».

L'article 53 de la constitution de la RDC du 18 février 2006 invoque cette notion lorsqu'il dispose : « *Toute personne a droit à un environnement sain et propice à son épanouissement* ». L'article 7 de la loi n°11/009 du 09 juillet 2011 portant principes fondamentaux relatifs à la protection de l'environnement mentionne quant à lui que : « *La protection de l'environnement et la gestion des ressources naturelles sont assurées de manières à répondre équitablement aux besoins de développement des générations présentes sans compromettre la capacité des générations futures à répondre à leurs propres besoins* ».

Pour parvenir à un développement durable, la protection de l'environnement doit constituer une partie intégrante du processus de développement et ne peut être considérée isolement[92]. Il s'agit de concilier les exigences du développement et celle de la protection de l'environnement. Cela fait appel à l'équité intergénérationnelle qui veut à ce que la satisfaction des besoins immédiats des générations présentes ne compromette pas le bien être des générations futures.

---

[91] O. MAZOUDOUX, op.cit., p.70.
[92] Cfr. J. VERNIER, L'environnement, PUF, Paris, 1995, p.107, et Déclaration de Rio, principe 4.

Les conséquences des activités humaines[93] et surtout militaires s'étendent sur des longues périodes et appauvrissent le sol voire l'environnement en entièreté. L'impact de la guerre est, selon Rafael Huseynov, parfois extrêmement durable. Certains site de première et seconde guerres mondiales restent impropres à l'exploitation agricole et continuent de présenter des risques pour la population en raison de la présence d'engins explosifs ou de munitions non explosées[94]. Si l'on se tient au bombardement des deux villes japonaises en 1946, des conséquences plus graves se font constater jusqu'aujourd'hui.

Plus encore, les ressources du globe sont épuisables et non renouvelables. Lorsque les belligérants les surexploitent sans toute mesure de sécurité, ils portent atteinte à ce principe parce que, d'une manière ou d'une autre, les générations futures n'en jouiront pas.

Cela étant, tout Etat a alors le devoir de faire en sorte que les activités, militaires ou non, exercées dans les limites de sa juridiction ne causent pas de dommages qui puissent affecter la vie de génération présente et future. D'où ils doivent veiller au respect du « *principe d'utilisation non dommageable de territoire national* » (voir affaire arme nucléaire).

2.   Prévention et précaution

Les caractères souvent irréparables des dommages causés à l'environnement imposent d'en prévenir la survenance. Pour dire, lorsque l'on veut entreprendre une activité, nécessairement, l'on doit se soumettre à l'obligation de prendre en compte l'environnement à l'occasion de toute action ou décision publique ou privé risquant d'avoir un impact sur l'environnement[95]. Cela étant, pour protéger l'environnement et pour faire respecter cette protection, des mesures de précaution doivent être largement appliquées par les Etats selon leur capacité. Concrètement, le devoir de prévention se traduit par un certain nombre d'obligations à la charge des Etats qui, vagues et générales à l'origine, font l'objet des normes de plus en plus contraignantes regroupés sous l'appellation ambigüe de principe de précaution (Principe 15 de la déclaration de Rio). C'est la raison même, en RDC, de la loi n°11/009 du 09 juillet 2011.

---

[93] Y. VEYRET et P. PECH, L'homme et l'environnement, PUF, Paris, 1993, p.160.
[94] R. HUSEYNOV,op. cit., p.4.

[95] M. PIEUR, op. cit., p.84.

Les belligérants doivent, à leur tour, prendre en compte l'environnement lorsqu'ils combattent ou s'attaquent à l'ennemi. Ils doivent éviter de causer ou d'utiliser des méthodes, techniques et armes susceptibles à provoquer des dommages étendus durables et graves à l'environnement. C'est dans cette perspective que l'Assemblée Générale des Nations-Unies a pris une résolution n°31/72 en date du 10 Décembre 1976 portant convention sur l'interdiction d'utiliser des techniques de modification de l'environnement à des fins militaires ou toutes autres fins hostiles.

3.   Information et participation du public au processus de prise de   décisions en matière d'environnement

L'environnement est la chose de tous ; sa gestion et sa protection ne peuvent être confiées à des mandataires. Nous sommes, tous, concernés par cette disposition et nous avons le devoir de défendre l'environnement en toute circonstance susceptible de nuire à sa protection (article 53 de la constitution du 18 février 2006).

Le principe de la participation des citoyens en matière de protection de l'environnement qui implique leur information veut que ceux-ci soient actifs face aux problèmes d'environnement. La protection de l'environnement, si elle est devenue une obligation de l'Etat, est avant tout un devoir des citoyens. Pour que ce devoir s'exerce dans la pratique, ces derniers doivent directement ou par leur groupement, être informés et participer aux décisions qui ont d'influence sur leur environnement[96]. La loi n°11/009 du 09 juillet 2011 dispose à ses articles 8 et 9 que : art.8, 1 *« Toute personne a le devoir d'accéder aux informations disponibles, complètes et exactes relatives à l'environnement, y compris celles relatives aux substances et activités dangereuses et aux mesures prises pour leur prévention, traitement et élimination, selon le cas »*. Quant à l'article 9, 1 : *« Toute personne a le droit de participer au processus de prise de décision en matière d'environnement et de gestion des ressources naturelles. Le public participe au processus d'élaboration par des autorités publiques des politiques, programmes, plans et règlements relatifs à l'environnement dans un cadre transparent et équitable défini et mis en place par lesdites autorités. Le public concerné a également le droit de participer, dès le début et tout au long, au processus de prise de décisions qui ont une incidence sur son existence ou peuvent avoir un effet important sur l'environnement, notamment les décisions en matière*

---

[96] Cfr. Ibidem, p.127.

d'aménagement, les autorisations de mise en chantier d'un projet ou d'une activité, les autorisations de construction ou d'exploitation des installations classées, les émissions ainsi que les études d'impact environnemental et social. Il a le droit d'être informé de la décision finale ». Cela s'est manifester dans le petit nord, province du Nord Kivu, lorsque la population s'est insurgée contre une décision gouvernementale autorisant l'exploitation du pétrole dans le parc de Virunga et dans le Graben Albertine.

L'élan ainsi donné à la participation des citoyens grâce à la politique de l'environnement est un apport majeur à la démocratie et spécialement à la démocratie directe. Cela étant, les belligérants doivent être sensibilisés pour qu'ils parviennent à protéger l'environnement voire à le respecter pendant les hostilités. L'on y parviendra si l'Etat garantit à l'ensemble des citoyens, les belligérants inclus, le droit à une éducation environnementale. Dans cette optique, Jacques Vernier écrit : *« ni les lois ni les taxes ne contraindront les citoyens à respecter l'environnement si ce respect, spontané, ne leur a pas été inculqué par l'éducation[97] »*. Il en est de même du droit de la guerre qui, pour être applicable sur terrain, les règles établies doivent être précises et détaillées. C'est-à-dire, les règles sommaires pour un conflit armé doivent être complètes pour pouvoir être appliquées par les forces armées.

4.   Principe pollueur-payeur

Celui qui pollue l'environnement est contraint de payer les dommages que celui-ci aura subit. (Ce principe est traité dans la suite du travail, notamment dans la deuxième section du second chapitre.)

5.   Principe de coopération

La coopération internationale pour la sauvegarde et la préservation de l'environnement imposée par la globalisation de l'écosystème est progressivement érigée en une obligation juridique de nature très générale qui se décompose progressivement en une série d'obligation spécifique méticuleusement décrite par certains traités mais dont quelques unes sont sans aucun doute de nature coutumière[98]. Il est exprimé sous sa forme générale par le principe 7 de Rio : *« Les*

---

[97] J. VERNIER, L'environnement, PUF, Paris, 1995, p.120.
[98] O. MAZOUDOUX, op. cit., p.75.

Etats doivent coopérer dans un esprit de partenariat mondial en vue de conserver, de protéger et de rétablir la santé de l'intégrité de l'écosystème terrestre ».

En outre, de par son objet même, le droit international de l'environnement est en partie au moins transfrontière par nature. Certes, il existe des pollutions qui peuvent rester circonscrites au territoire d'un seul Etat ; toutefois, en règle générale, toute atteinte à l'environnement qui se produit dans un Etat a des répercutions dans ou sur les territoires d'autres Etats (voir affaire de Trail) et sur les espaces internationaux. De ce fait, les Etats ont l'obligation de coopérer en cas d'atteinte grave à l'environnement par les parties au combat dans le but de dégager la responsabilité de l'une comme de l'autre.

Considérant que les dégâts causés à l'environnement en temps de conflit armé perturbent les écosystèmes et compromettent les ressources naturelles longtemps encore après la fin du conflit et ont des effets qui s'étendent et se prolongent souvent au-delà des limites des territoires nationaux et de la génération actuelle, l'Assemblée Générale de l'ONU a proclamé le 06 novembre comme Journée internationale pour la prévention de l'exploitation de l'environnement en temps de guerre et de conflit armé[99].

En marge de cette journée, Ban Ki-moon, le 05 novembre 2010, déclare : « A mesure que la population mondiale grossit et que la demande de ressource s'accroit, le risque que ces derniers deviennent l'enjeu de conflit pourrait augmenter. Les conséquences des changements climatiques peuvent exacerber ces menaces. Pour les prévenir, nous devons réfléchir différemment aux sources d'insécurité et faire en sorte que notre diplomatie préventive prenne en compte la nature transfrontalière des écosystèmes et de la dégradation de l'environnement (…). Prenons acte du rôle exceptionnel que notre patrimoine naturel joue dans la prévention des conflits et l'instauration d'une paix durable et engageons-nous encore une fois à protéger l'environnement en temps de guerre[100] ».

B.   *Préceptes de guerre visant la protection de l'environnement*

Le principe de limitation, la nécessité militaire, la discrimination entre objectifs militaires et civiles, l'interdiction d'infliger à l'ennemi des maux superflus et la proportionnalité contribuent par ricochet à la protection de l'environnement.

---

[99] Résolution 56/4 du 5 novembre 2001 instituant la journée internationale de l'environnement.
[100] www.un.org.

1.   La limitation

Peu de situations mettent davantage les personnes et des vies en danger que les guerres. L'histoire nous renseigne que la guerre a été l'ultima ratio requm, l'argument auquel les rois recourent en dernier ressort pour tenter de faire prévaloir ceux qu'ils estiment être leurs droits[101]. En tout, la paix est la fin. Elle est la condition première du plein respect des droits de l'homme et (…) la guerre est la négation de ces droits[102]. Alors, pour faire respecter les droits de l'homme en temps de guerre, le droit international humanitaire impose des limites aux droits de belligérants, des contraintes aux hostilités en général, à la conduite du combat par les forces armées, au comportement des combattants dans l'action, au comportement envers les personnes, les biens et l'environnement. Le droit de la guerre vise à limiter et à atténuer le plus possible les calamités de la guerre[103].

Le principe de limitation est un précepte fondamental des lois de la guerre. Il reflète l'idée que tout n'est pas permis en temps de guerre. Il ne faut pas passer les actes d'hostilité trop loin. Si l'on reprend les termes de la déclaration de Saint Petersbourg, le seul but légitime que les parties doivent se proposer durant la guerre est l'affaiblissement des forces militaires de l'ennemi. Il suffit de mettre hors de combat le plus grand nombre d'homme possible et non dépasser ce but. Ce concept est inscrit dans de nombreux traités internationaux, en particulier les conventions de La Haye et de Genève.

L'article 22 de la convention de La Haye dispose que : *« les belligérants n'ont pas un droit illimité quant aux choix de moyens de nuire à l'ennemi »*. L'article 35 du protocole I aux conventions de Genève de 1949 ajoute en ces termes : *« dans tout conflit armé, le droit des parties au conflit de choisir des méthodes et ou moyens de guerre n'est pas illimité »*. Plus encore, c'est au nom du principe de limitation que l'A.G des N.U. a pris une résolution 31/72 le 10 Décembre 1976, portant convention sur l'interdiction d'utiliser des techniques de modification de l'environnement à des fins hostiles.

Le principe de limitation procure une protection élémentaire à l'environnement en temps de guerre. Les actes de guerre nuisant à l'environnement ne sont pas tous acceptables et toute partie qui s'accorde le droit de nuire à l'environnement, sans égard aux conséquences de ce préjudice, viole la règle de base des lois de guerre.

---

[101] Henry MOVASAKANYI, DIH : Protection des victimes de guerre ou droit d'ingérence humanitaire, éd. SAFARI, Lubumbashi, 1998, p.5.
[102] Xxx, Le droit international humanitaire, CICR, Genève, sd, p.4.
[103] F. DE MULINEN, op. cit., p.2.

2.   La nécessité militaire

En temps de guerre, certaines règles autorisent un belligérant à exercer certains pouvoirs extraordinaires qui débordent ceux dont jouit un Etat en temps de paix : envahir et occuper le territoire ennemi, détruire les forces adverses, réquisitionner et confisquer certains types de biens ennemis, inspecter, saisir et condamner certains types de biens. L'exercice de tels pouvoirs est considéré comme « *nécessité militaire* »[104]. Le droit de la guerre restreint, cependant l'exercice de ces pouvoirs de belligérants en prenant en considération l'humanité, l'intérêt des belligérants eux-mêmes et celui des neutres. Ainsi, d'après Frederic de Mulinen, le droit de la guerre concilie les nécessités de la guerre avec les exigences humanitaires. Il fait la distinction entre ce qui est permis (licite) et ce qui ne l'est pas[105].

Selon Rafael Huseynov, le principe de nécessité militaire cherche à limiter la capacité d'une partie au combat à choisir les moyens et méthodes pour attaquer son ennemi. Cette doctrine permet de mesurer dans quelle mesure une action militaire peut être considérée comme un acte de guerre acceptable ou non[106]. Dans cet angle d'idée, l'article 23 de la convention de La Haye interdit à un Etat de s'engager dans une activité qui suppose de détruire ou de saisir des propriétés ennemies, sauf les cas où ces destructions ou ces saisies seraient impérieusement commandées par les nécessités de la guerre[107]. Pour dire que l'on admet toutefois que la plupart des autres règles peuvent être transgressées quand les circonstances justifient des représailles, c'est-à-dire des mesures de rétorsion pour contraindre l'ennemi à observer la loi. En ce sens, l'article 53 de la convention de Genève (IV) mentionne qu' « *il est interdit à la puissance occupante de détruire des biens mobiliers ou immobiliers, appartenant individuellement ou collectivement à des personnes privées, à l'Etat ou à des collectivités publiques, à des organisations sociales ou coopératives, sauf dans les cas où ces destructions seraient rendues absolument nécessaires par les opérations militaires* ».

Voilà une protection minimale de l'environnement en temps de conflit armé, qui veut à ce que les moyens de combat soient choisis et utilisés de manière à éviter les pertes et dommages civils, à réduire dans tous les cas les pertes et dommages inévitables. Il est néanmoins important de développer une meilleure

---

[104] Encyclopédie universalis, vol8, Greco-Inter, Paris, 1974, p.101.
[105] F. DE MULINEN, op. cit., p.2.
[106] R. HUSEYNOV, op. cit., p.5.
[107] Idem

compréhension du genre des dommages à l'environnement qui est nécessaire militairement. La défoliation des forêts vietnamiennes étaient-ils nécessaires en termes de stratégie militaire ? Dans certaines circonstances les préoccupations environnementales doivent prendre le pas sur les nécessités militaires.

3. La discrimination entre objectifs civils et militaires

Le droit international humanitaire est un ensemble des règles qui visent à limiter la violence et à protéger les droits fondamentaux de la personne humaine en période de conflits armés, inclus le droit à un environnement sain et propice. Cependant, la vie humaine est étroitement liée à l'environnement, il ne peut donc survivre qu'en protégeant et en préservant cet environnement[108]. Frederic de Mulinen écrit en se sens que *« le droit de la guerre accorde une protection fondamentale aux personnes et aux biens autres que les combattants et les objectifs militaires. Cette protection s'applique à toutes les personnes et tous les biens au pouvoir d'une partie belligérante. Elle correspond aux principes humanitaires de base et aux droits de l'homme[109] »*.

De par les règles coutumières de la guerre, la distinction des cibles militaires des cibles civiles doit conduire le comportement de belligérants. L'article 52 du protocole I additionnel I aux conventions de Genève interdisant les attaques et représailles envers les biens civils, identifie quatre catégories de biens à caractère civil : les biens culturels et les lieux de culte, les biens indispensables à la survie de la population civile, *« l'environnement naturel »* et les ouvrages et installations contenant des forces dangereuses.

Donc, une distance suffisante doit être maintenue entre les biens particulièrement protégés et les objectifs militaires, à moins que la situation tactique ne le permette pas. Pour Frederic de Mulinen, la protection à laquelle ont droit les personnes et les biens particulièrement protégés ne cessera pas à moins qu'ils ne soient utilisés afin de commettre des actes nuisibles à l'ennemi. La protection cessera seulement après qu'un sévère avertissement ait été donné et qu'un tel avertissement soit demeuré ignoré. Un délai raisonnable sera fixé[110].

---

[108] M. ALIOU BARRY, op. cit., p.368.
[109] F. DE MULINEN
[110] Cfr. Ibidem.

L'environnement, comme beaucoup de biens tels les écoles, hôpitaux, ponts, systèmes de transport, etc. est en effet considéré, selon les circonstances, comme disposant d'un statut civil ou d'un statut militaire.

En revanche, il reste vrai que l'environnement ne doit pas constituer un cible militaire, même s'il s'agit de vouloir nuire à l'ennemi ou d'une circonstance le permettant parce qu'il est le cadre de vie sans lequel l'homme ne pourra vivre. Ainsi, les belligérants doivent utiliser des techniques qui ne causent pas des dommages à l'environnement.

4. L'interdiction d'infliger des maux superflus ou de souffrances inutiles à l'environnement : la proportionnalité[111]

Le concept de prévention des souffrances inutiles est étroitement lié à la nécessité militaire et à la proportionnalité. Le protocole additionnel I suggère fortement que les dommages environnementaux en temps de guerre sont fondamentalement contraires aux lois de la guerre et causent des souffrances inutiles. La réalité du XXème et du XXIème siècle montre combien les principes du droit international humanitaire sont trop bafoués dans la mesure où les dégradations environnementales comme objectifs militaires ou comme dommages collatéraux causent des souffrances superflues aux êtres vivants ; et elles violent un autre principe du droit humanitaire, celui de *« La proportionnalité »*.

Dans les lois de la guerre, la proportionnalité fait référence au fait que toute action militaire doit être proportionnée aux résultats anticipés de cette action et qu'ainsi les dommages causés ne doivent pas être disproportionnés aux résultats militaires. La proportionnalité est étroitement liée au principe de nécessité militaire. Les actions militaires affectant l'environnement de manière importante et mettant en danger la population civile sont incompatibles avec le concept de proportionnalité[112].

Le principe de proportionnalité a été réaffirmé par la CIJ dans son arrêt consultatif du 8 juillet 1996 portant sur la licéité de la menace d'emploi d'armes nucléaires. La cour a souligné que ce principe s'applique et couvre tous les dommages collatéraux causés à la population civile qui sont excessifs par rapport à l'avantage militaire attendu. La CIJ a réaffirmé que le respect de l'environnement fait partie

---

[111] R. HUSEYNOV, op. cit., p.6.
[112] Idem

de la proportionnalité et que, de fait, les belligérants n'ont pas le droit de provoquer de tels dommages en ce domaine.

La protection de l'environnement en temps de guerre ne s'appuie pas seulement sur des principes et règles coutumières. Il existe des lois et/ou règles environnementales spécifiques.

§II. CADRE JURIQUE SPECIFIQUE A LA PROTECTION DE L'ENVIRONNEMENT EN TEMPS DE CONFLIT ARME

La dégradation constante de l'environnement naturel a entrainé, à l'aube du 21e siècle, précisément dès le début des années 70, une prise de conscience généralisée de la gravité des atteintes que l'homme inflige à la nature.

L'importance vitale pour l'humanité de la protection de l'environnement, tout comme l'action décisive d'un grand nombre d'organisations vouées à la protection de la nature, tels Green Peace, les Amis de la terre, a abouti, au fil des années, à l'adoption d'une importante réglementation juridique sur les questions relatives à la protection et à la préservation de l'environnement naturel[113]. Cela exprime l'idée que les humains eux-mêmes sont à la base de la destruction et au même moment ils ont la maîtrise suprême de l'avenir de la terre et de toutes les vies qu'elle abrite. Si les gouvernements n'agissent pas avec sagesse, la terre va subir des dégâts irréparables. C'est ainsi qu'ils ont dû intervenir en posant certaines règles pouvant ou susceptibles de régir l'environnement en temps de guerre (A) voire en temps de paix. Il importe alors de faire une analyse prospective de ces normes et de s'imprégner de la réalité sur le champ de batail (B).

A. *Traités et textes réglementaires protégeant l'environnement en temps de guerre*

La protection de l'environnement en temps de conflit armé ou de guerre est assurée par, d'abord, deux textes importants que sont : la convention sur l'interdiction d'utiliser des techniques de modification de l'environnement à des fins militaires ou toutes autres fins hostiles (convention ENMOD) adoptée dans le

---

[113] A. Bouvier, La protection de l'environnement naturel en période de conflits armés, Revue interdisciplinaire de la Croix-Rouge, n°792, du 31.12.1991.

cadre des Nations Unies le 10 décembre 1976 et le Protocole additionnel I aux conventions de Genève de 1977. On y ajoute, par la suite, les circulaires de la Croix-Rouge et des textes nationaux.

1. Convention ENMOD

En réponse aux craintes nées de l'utilisation de moyens de combat très dommageables à l'environnement durant la guerre de Vietnam[114] cette convention a pour but d'interdire l'utilisation à des fins militaires ou à toutes autres fins hostiles de *« techniques de modification de l'environnement ayant des effets étendus, durables ou graves, en tant que moyen de causer des destructions, des dommages ou des préjudices à tout autre Etat partie »* (article 1) donc d'éliminer les dangers que cette utilisation présente pour l'humanité. Cette convention, d'après son préambule, ne doit pas influer sur l'utilisation des techniques de modification de l'environnement à des fins pacifiques qui peuvent contribuer à protéger et à améliorer l'environnement pour les biens des générations actuelles et à venir.

L'article 2 de ladite convention interdit les atteintes à l'environnement résultat de l'utilisation de *« toute technique ayant pour objet de modifier -grâce à une manipulation délibérée de processus naturels- la dynamique, la composition ou la structure de la terre, y compris ses biotes, sa lithosphère, sons hydrosphère et son atmosphère, ou l'espace extra-atmosphérique »*. Ainsi, il revient à chaque Etat de prendre des mesures nécessaires pour interdire et prévenir toute activité nuisible à l'environnement lors des décisions législatives ou politiques voire militaires. Cette obligation est à relever dans l'art.4 de la convention lorsqu'il dispose : *« Chaque Etat partie à la présente convention s'engage à prendre toutes mesures qu'ils jugera nécessaires conformément à ses procédures constitutionnelles pour interdire et prévenir toute activité contrevenant aux dispositions de la présente convention en tous lieux relevant de sa juridiction ou de son contrôle »*. C'est dans cette perspective que le législateur congolais en a pris conscience lorsqu'il mentionne à l'art.83 de la loi n°011/009 du 09 juillet 2011 portant principes fondamentaux relatifs à la protection de l'environnement que *: « Quiconque dirige intentionnellement une attaque en sachant qu'elle causerait des dommages étendus, durables et graves à l'environnement, qui seraient excessifs par rapport à l'ensemble de l'avantage militaire concret et direct attendu, est puni conformément aux dispositions pertinentes du code pénale militaire congolais »*.

---

[114] Idem

Il sied alors de signaler que la convention ENMOD est le texte de référence sur la protection de l'environnement en situation de conflit armé. Mais, sa principale faiblesse est, d'après Rafael Huseynov, qu'elle se limite à des armes relevant parfois de la science-fiction. Il ajoute en écrivant que *« la convention se situe dans le cadre de ce que la doctrine anglo-saxonne considère comme « active environment warfare », concept opposé au « passive environment warfare », où l'environnement ne serait que victime et non arme de guerre »*[115]. Elle demeure néanmoins un des principaux outils législatifs de protection de l'environnement en temps de conflit armé.

2.   Le Protocole additionnel I de 1977

De toutes les dispositions que contient ce protocole, seulement deux articles retiennent l'attention et sont et/ou traitent des dangers que présente le conflit pour l'environnement. Ces dispositions prévoient de protéger l'environnement en tant que tel, mais toujours par rapport aux êtres humains auxquels se consacre essentiellement le droit international humanitaire. Ils interdisent le recours à la guerre écologique, c'est-à-dire l'usage des méthodes de combat susceptibles de rompre certains équilibres naturels indispensables et de compromettre ainsi la santé et la survie des populations[116]. Il s'agit de l'article 35.3 et de l'art.55.

L'art.35 al3 dispose : *« il est interdit d'utiliser des méthodes ou des moyens de guerre qui sont conçus pour causer ou dont on peut attendre qu'ils causeront des dommages étendus, durables et graves l'environnement naturel ».*

Etant une disposition fondamentale en matière de protection de l'environnement en temps de guerre, cet article pose une règle générale applicable à tous les actes de guerre. Elle est complétée par l'art.55 qui, aussi, pose un principe fort qu'est *« l'équité intergénérationnelle. »*

L'art.55 mentionne : *« La guerre sera conduite en veillant à protéger l'environnement naturel contre les dommages étendus, durables et graves. Cette interdiction d'utiliser des méthodes ou moyens de guerre conçus pour causer ou dont on peut attendre qu'ils causent de tels dommages à l'environnement naturel, compromettant, de ce fait, la santé ou la survie de la population. Les attaques contre l'environnement naturel à titre de représailles sont interdites ».*

---

[115] R. HUSEYNOV, op. cit., p.7.
[116] Idem

Cet article est plus étendu et a pour but de protéger la population civile des effets de la guerre sur l'environnement. Il a pris conscience que l'environnement doit être protégé parce que constituant le cadre dans lequel se déroule la vie de l'homme, et que celui-ci dépend directement ou se définit directement à la nature. Il a l'obligation d'assurer sa protection et de prendre conscience et en considération l'environnement avant de poser une action qui peut y avoir ou y apporter des conséquences magistrales.

3. Les directives de la Croix-Rouge pour la formation des forces armées de 1994[117]

La vulgarisation du DIH est un des missions et objectifs que le CICR s'est vu attribuer par l'ONU, surtout de travailler à la compréhension et à la diffusion du droit international applicable dans les conflits armés et d'en préparer les développements éventuels (Art. 5 al 29 des statuts du Mouvement International de la Croix-Rouge et du Croissant-Rouge). Le CICR ne ménage aucun effort pour enseigner les forces armées et les initier aux règles et coutumes de guerre. Il a su, pour ce faire, mettre en jour des directives destinées aux forces armées, posant des principes plus rigoureuses. Ces directives sont alors destinées à faciliter l'instruction et la formation des forces armées dans un domaine souvent négligé du droit international humanitaire : la protection de l'environnement naturel.

Instrument de sensibilisation, elles visent à amener les forces armées à protéger l'environnement et à interdire l'usage des moyens et méthodes dommageables à l'environnement naturel lors d'un conflit. Ces directives ne proposent pas la mise en place de nouvelles dispositions mais demandent à ce que les conventions existantes soient correctement mises en œuvre et respectées.

A ces textes ci-haut analysés, il faut y ajouter d'autres qui traitent, de près ou de loin, de la protection de l'environnement en temps de guerre (Cfr. Supra).

Cependant, la réalité sur terrain prouve combien toutes ces règles semblent ne pas avoir d'effets.

---

[117] R. HUSEYNOV, op. cit., p.8.

B.   *La réalité sur le **champ** de batail*

La situation de guerre est plus que calamiteuse sur le terrain. La réalité insoutenable correspond bien aux images et aux clichés véhiculés par certains supports audio-visuels. Les principes et règles visant la protection de l'environnement en temps de guerre sont trop souvent bafoués par les belligérants. Ceux-ci n'ont comme objectif, non de mettre hors des combats un nombre important d'homme ennemies mais de nuire à leur vie. C'est la réalité du XXe siècle et début du XXIe siècle. L'environnement est utilisé comme arme de guerre, et au même moment il en ressort victime.

Le 1er Avril 1979, en Pennsylvanie, lors de l'accident nucléaire de Thru Mile Island qui a secoué l'Amérique, un patriarche amish, habitant les villages amish, à quelques kilomètres de là, qui ont toujours refusé le progrès scientifiques, vivant à la lueur des bougies, déclare que *« les hommes provoqueront ou finiront par provoquer la fin du monde »*[118] s'ils n'arrivent pas à s'éduquer en matière environnementale. On dirait *la guerre d'Armageddon*, qui est un événement fortuit qui tue indéfiniment des victimes innocentes. Personne ne peut faire grand-chose pour se protéger contre cette guerre.

Dans cette optique, Karine Mollard-Bannelier écrit ; *« Manipulé par l'homme à des fins militaires ou victime des effets collatéraux de la guerre, l'environnement sort toujours blesser des conflits armés. Les conséquences environnementales graves de certains conflits, passés ou actuels, posent avec acuité la question de la protection de l'environnement durant ces conflits*[119]*. »*
Cela étant, la protection de l'environnement en temps de guerre s'oppose à des intérêts divergents. La nécessité et les fins militaires sont souvent difficilement compatibles avec la protection de l'environnement. Les belligérants pensent cependant que le respect des règles protectrices de l'environnement est onéreux puis systématiquement ressentir comme contraire à l'intérêt militaire voire à l'objectif même de la guerre. Dès lors, en matière d'environnement, plus encore que dans d'autres domaines, il ne suffit pas de poser des normes, il faut aussi fulminer des incriminations, des peines et se donner les moyens de les appliquer. Pour ainsi dire, la responsabilité de tout un chacun, de celui qui a causé un dommage à l'environnement doit être mise en cause. En cela, le droit pénal participe à la protection de l'environnement.

---

[118] J. VERNIER, op.cit., p.3.
[119] K. MOLLARD-BANNELIER, La protection de l'environnement en temps de conflit armé, A. Pédone, Paris, 2001, p.6.

SECTION II. PROTECTION PENALE DE L'ENVIRONNEMENT EN TEMPS DE CONFLIT ARME

L'environnement naturel est, en temps de conflit armé, une victime parmi tant d'autres. Il subit de graves conséquences, parfois, difficiles à panser, à l'instar de la destruction, de la surexploitation, de la pollution. L'homme, depuis son apparition sur la terre et depuis qu'il s'est engagé à faire la guerre, transforme et utilise l'environnement à des fins militaires, notamment comme arme de guerre. L'homme s'érige ainsi progressivement en possesseur de la nature. Or, du fait qu'il mette l'environnement en mal c'est sa vie qu'il préjudicie.

Cependant, à l'aube du 21ᵉ siècle, précisément vers les années 70, dites années mondiales de l'environnement, après avoir causé des grandes méfaits à l'environnement, l'homme prend conscience de protéger l'environnement naturel. Plus encore, la guerre du Vietnam reste pour lui un point de référence des conséquences environnementales pendant un conflit armé. Pour témoigner l'intérêt qu'il attache, désormais, à l'environnement, l'homme a jugé bon protéger l'environnement en temps de guerre par des règles juridiques à caractère international et national. Ces règles s'inscrivent dans le Soft Law, des normes non contraignantes dépourvues d'une force probante et contraignante. Ainsi, les belligérants en profitent, dans les champs de batail, à ne les respecter. S'inscrivant derrière cette idée, Kofi Annan écrit : *« en théorie, les conflits armés sont régies par une structure juridique internationale qui dicte la conduite des soldats envers les civils et les non combattants et envers l'environnement naturel et tout autre cible non militaire, y compris la faune. Dans la pratique, ces lois s'avèrent souvent inefficaces[120] ».* Pour dire, la situation ne reste sans critique sur terrain.

Cela étant, la communauté internationale est alors davantage consciente de la non applicabilité des conventions internationales qui profitent ou protègent l'environnement en temps de guerre. Ainsi, il est ému par la nécessité de renforcer leur application. Comment alors. En faisant appel au droit répressif, gendarme des autres droits sui generis : applicable à l'environnement : *droit pénal de l'environnement.*

Le droit pénal de l'environnement est donc, selon Jerôme Lassere Capdeville, *« l'ensemble des dispositions répressives qui préviennent et sanctionnent la dégradation par l'homme du milieu physique ou biologique dans lequel il vit[121] ».* Le droit pénal de l'environnement est un ensemble de règles de droit ayant pour

---

[120] Kofi Annan, op.cit., p.21.
[121] J. CAPDEVILLE, op. cit., p.17.

objet l'incrimination et la définition de certains actes portant atteinte à l'environnement comme et/ou infraction ainsi que des sanctions qui leur sont applicables.

Au-delà de ses particularités, cette branche du droit pénal répond aux trois fonctions essentielles du droit pénal général ; tout d'abord, une fonction répressive qui relève de son essence, permettant de sanctionner les comportements dangereux par l'ordre public ou du moins contraires aux exigences de la vie en société ; puis une fonction protectrice assurant la sécurité, sans laquelle aucune liberté ne peut être pleinement exercée ; et enfin une fonction expressive des valeurs essentielles de la société démontrant tout intérêt attaché par le législateur au respect de certaines dispositions.

Certes, réprimer n'est pas le remède miracle qui sauvera l'environnement des maux qui l'accablent, mais c'est affirmer qu'un intérêt social a été lésé et que, par conséquent, les éléments de l'environnement sont des valeurs à respecter. L'action du juge pénal est donc irremplaçable et déterminante en la matière[122].

Il sied alors d'examiner la mise en œuvre de la responsabilité des parties en conflit (§I), car certains évolutions récentes ouvrent des perspectives tout à fait nouvelles sur la répression des auteurs des « crimes écologiques » (§II).

§I. LA RESPONSABILITE PENALE DES BELLIGERANTS

Si déterminer une personne responsable d'un acte criminel parait aisé en droit pénal général, il n'est pas le cas en matière d'environnement. Cela est dû à la multiplication d'infractions dans ce domaine et des personnes responsables. Ainsi, Roselyne Nérac-Croisier écrit dans ce sens que *« déterminer les personnes responsables en matière d'atteinte à l'environnement est loin d'être aisé. On trouve dans ce domaine une multitude d'infractions et de personnes potentiellement responsables et l'on constate que si, par principe, la loi est la même pour tous, les règles ne s'appliquent pas de manière absolument identique, n'entraînent pas les mêmes conséquences selon l'incrimination retenue en la qualité de la personne dont la responsabilité est recherché[123] ».*

En revanche, en matière d'atteinte à l'environnement en temps de conflit armé, interne ou international, la première personne responsable reste l'Etat (A). Celui-ci

---

[122] Cfr. Ibidem, pp17-18.
[123] R. NERAC-CROISIER, op. cit., p.73.

peut décliner sa responsabilité en prouvant devant les yeux de la communauté internationale qu'il a pu réglementer ou pris des actes juridiques sur l'environnement et que les belligérants n'ont pas su respecter les normes établies. Dans ce cas, l'Etat décline sa responsabilité au profit des parties belligérantes (B).

A.   *La responsabilité étatique*

Les textes juridiques qui régissent le déroulement de conflit armé et le choix des moyens et méthodes de guerre ont été écrits, à des rares exceptions près, en période ou seuls les Etats ont été considérés comme des acteurs actifs, donc en période où les Etats se faisaient la guerre. C'est ainsi qu'ils ont été considérés comme étant premier responsable en matière d'atteinte à l'environnement qui subviendrait d'un conflit armé ou d'une guerre.

Cependant, à l'heure actuelle, malgré que les conflits semblent prendre une allure purement interne, donc se déroulant à l'intérieur du territoire d'un Etat, et opposant deux groupes rebelles ou ces derniers et les forces républicaines d'un Etat, celui-ci reste toujours premier responsable des atteintes à l'environnement qui en sortiront.

Par conséquent, l'Etat doit alors prendre en compte l'environnement naturel lors de décisions politiques et législatives, doit prévenir les risques et prendre des précautions, doit surtout informer et faire participer le public, dans ce contexte les belligérants, au processus de prise des décisions en matière d'environnement parce que ayant ou non une vision militaire et une réflexion accrue sur l'impact ou les conséquences environnementales résultant des opérations militaires. Il doit alors propulser des règles de protection de l'environnement dans la constitution et/ou les lois particulières. Dans cette perspective, Rafael Huseynov écrit : « *Les gouvernements, réunis ou non en coalition, doivent établir des plans de contingence analogues à ceux liés aux catastrophes naturelles. Il leur revient d'éviter des pertes environnementales irréversibles. Malheureusement, en situation de conflit, les différents belligérants n'ont pas nécessairement la même culture militaire et intègrent rarement une réflexion sur l'impact environnemental au sein de leurs stratégies[124]* ». Pour le CICR, les Etats parties aux conventions de Genève et aux Protocoles additionnels sont tenus de prendre toutes les mesures possibles pour remplir convenablement leurs obligations en temps de guerre.

---

[124] R. HUYSENOV, op.cit., p12.

Parmi ces mesures, l'une des plus importants est l'adoption à l'échelon national des règles appropriées relatives aux sanctions pénales[125].

L'art.1 commun aux quatre conventions de Genève et au Protocole I disposent que les Etats contractants s'engagent à « *faire respecter desdits traités* ». Ceci souligne la responsabilité première des Etats s'ils ne parviennent pas à assurer leurs obligations environnementales : le devoir de respecter ou de faire respecter l'environnement en temps de conflit armé. En RDC, le législateur n'est pas du reste. Il a su arrêter et prendre des mesures plus restrictives et contraignantes en vue de faire respecter aux belligérants le droit de l'environnement ou le droit à un environnement sain. Il a consacré dans la constitution du 18 février 2006 et dans la loi n°11/009 du 09 juillet 2011 portant principes fondamentaux relatifs à la protection de l'environnement des dispositions assurant la protection, de près ou de loin, de l'environnement en temps de guerre et engagent, certainement la responsabilité des belligérants.

B.   *La responsabilité des belligérants*

A l'heure actuelle, la plus part des conflits se déroulent à l'intérieur des Etats. Ils opposent les rebelles entre eux, donc les groupes armés entre eux, soit les groupes armés à l'Etat, armée loyaliste. C'est le cas, en RDC, des groupes Raiya Mutomboki, Maï-Maï Tsheka, Maï-Maï Tshinza-Tshinza, Maï-Maï Kifua-fua, M23, ADF-NALU, FDLR, Maï-Maï Rwenzori, Maï-Maï Kikurukuku etc. qui combattent de fois entre eux, parfois ils s'attaquent ou font l'objet d'attaque de FARDC.

Par absence des formations et d'information en matière de droits de guerre et du DIH, ces groupes utilisent des méthodes et moyens qui nuisent à la population civile et à l'environnement naturel. Ils ne parviennent toujours pas à prendre en compte les différents principes de guerre (limitation, nécessité, distinction, discrimination entre cibles civils et militaires, proportionnalité, etc.), plus les règles relatives à la protection de l'environnement en temps de conflit armé. Ils utilisent des armes déjà interdites d'utilisation ou déjà réglementer, à l'instar des mines anti personnelles, des armes à fragmentation, des lances flamme. Ils utilisent l'environnement comme armes de guerre et pour des raisons d'économie de la guerre, ils le surexploitent en y soutirant des ressources naturelles non

---

[125] www.cicr.org

renouvelables dans les zones qu'ils occupent ; des ressources qu'ils mettent à la disposition des grandes entreprises multinationales qui, à leur tour, dotent ces groupes d'armes et financent la paie de solde des combattants rebelles.

Cela étant, la protection de l'environnement a encore aujourd'hui du mal à se traduire en action et est acceptée comme étant un élément incontournable. Les belligérants cherchent avant tout à préserver leur survie et la performance opérationnelle de leurs armements. Ils craignent les surcoûts et délais associés au développement de matériel plus propres. Ce qui alourdit de plus leur responsabilité en matière d'atteinte à l'environnement. Mais, une difficulté s'impose. Comment établir la responsabilité d'un groupe lorsqu' ils sont nombreux en scène de batail. Lorsque plusieurs groupes sont impliqués dans un conflit armé, chacun suppose que la responsabilité environnementale n'est pas exclusivement la sienne et tend à agir en « *profiteur* », conscient qu'il sera difficile de remonter à l'origine et de déterminer qui est responsable de quoi[126]. Il en est de même de la responsabilité individuelle des acteurs. Faut-il poursuivre l'auteur, par exemple, de la tire qui a causé dommage à l'environnement ou le chef du groupe.

Le droit international a déjà tranché ce problème en mettant directement en cause la responsabilité de chef du groupe qui détient le pouvoir de commandement et des décisions. Il en est de même de l'art.25 du statuts de la CPI lorsqu'il dispose : « *La cour est compétente à l'égard des personnes physiques en vertus du présent statuts (…) ou une personne est pénalement responsable et peut être punie pour un crime relevant d'une compétence de la cour pour crime si : elle commet un tel crime, que ce soit individuellement, conjointement avec une autre personne ou par intermédiaire d'une autre personne, que cette personne soit ou non pénalement responsable, ou lorsqu'elle ordonne, sollicite ou encourage la commission d'un tel crime, dès lors qu'il ya commission ou tentative de commission de ce crime ; elle apporte son aide , en vue de faciliter la commission d'un tel crime ; elle contribue de toute manière à la commission ou à la tentative de commission d'un tel crime (…)* »

Peu importe, sera considéré comme responsable pénalement tout celui qui participe de manière occulte aux hostilités. Naturellement, la responsabilité pénale du dirigeant n'exclut pas celle des préposés dont le comportement a directement causé l'infraction. C'est ainsi que le code pénal militaire auquel nous réfère l'article 83 de la loi n°11/009 du 09 juillet 2011 dispose, en son article 175 que : « *Lorsqu'un subordonné est poursuivi comme auteur principal d'un crime de guerre et que ses supérieurs hiérarchiques ne peuvent être recherchés comme co-*

---

[126] R. HUSEYNOV, op. cit., p.12.

auteurs, ils sont considérés comme complices dans la mesure qu'ils ont toléré les agissements criminels de leur subordonné ». Pour dire, les chefs hiérarchiques doivent veiller aux comportements de leurs subordonnés qui, d'une manière ou d'une autre, peuvent être auteurs d'un crime et ainsi partager la responsabilité. Néanmoins, pour Roselyse Nerac-croisier, le plus souvent le préposé n'est pas poursuivi[127].

Tout comme pour toute autre règle du droit, il est obligatoire de se conformer aux dispositions légales internationales relatives à la protection de l'environnement en temps de guerre. Les atteintes à l'environnement déstabilisent, d'une manière ou d'une autre, le maintien de la paix et de la sécurité internationale. Dans l' *« Agenda pour la paix »,* Boutros Boutros Ghali, conforte ce point de vue en déclarant que *: « la porosité de la couche d'ozone et de l'environnement naturel peut faire peser une menace très lourde sur une population exposée qu'une armée ennemie. Sécheresse et maladie peuvent décimer aussi impitoyablement que des armes de guerre[128] ».*

Si tel est le cas, une action doit être conduite aux fins d'établir les faits et de les punir. Cela ne peut être possible que par le renforcement de la juridictionnalisation des violations, des atteintes à l'environnement ; une évolution vers la considération de la notion de *« crime international contre l'environnement ».* Une façon de terroriser les terroristes.

§II. REPRESSION DES CRIMES ECOLOGIQUES

D'autant plus que l'impunité des crimes des violations graves des lois et coutumes de la guerre ou du droit international humanitaire voire de l'environnement porte atteinte au maintien de la paix et de la sécurité internationale, la juridictionnalisation de ces atteintes, surtout au droit et/ou à l'environnement est un moyen efficace pour sa protection.

Cela étant, il sied de déterminer d'abord dans quelle catégorie de crimes appartiennent les atteintes à l'environnement en temps de guerre (A) avant d'exercer une action juridictionnelle contre ce crime (B), puisque la gestion des soldats par les règlements militaires a eux seuls ne suffit pas, encore que les

---

[127] R. NERAC-CROISIER, op.cit., p.84.
[128] B. B. GHALI, cité par M. TSIYEMBE, Le droit de la sécurité internationale, Paris, Harmattan, 2010, p.40.

simples punitions disciplinaires ont démontré leurs faillibles limites et leur débordement nécessitant l'intervention d'une sanction rigoureuse susceptible de redresser le fautif, servir d'exemple et de terreur aux autres militaires, dans cet environnement où l'absolu parchemin est l'ordre et la discipline[129].

A.   *Le crime environnemental*

En temps de guerre, les combattants manifestent souvent un comportement anti-citoyen vis-à-vis de l'environnement. Ils le détruisent jusqu'à en tirer profit - économie de guerre-, et à le rendre invivable. Ainsi, et l'homme et l'environnement sont des victimes directes de la guerre. Cependant, il sied de qualifier de tels comportements aux yeux de la loi.

La loi n°11/009 du 09 juillet 2011 portant principes fondamentaux relatifs à la protection de l'environnement, étant une loi spéciale en la matière ne semble pas lever l'équivoque. Elle reste très ambigüe à ce point jusqu'à faire référence au code pénal militaire congolais de 2002 qui semble y apporté une solution. C'est ainsi que l'art.83 de la loi n°11/009 du 09 juillet 2011 dispose : « Quiconque dirige intentionnellement une attaque en sachant qu'elle causerait des dommages étendus, durables et graves à l'environnement, qui seraient excessifs par rapport à l'ensemble de l'avantage militaire concret et direct attendu, est puni conformément aux dispositions du code pénal militaire congolais ».

La lecture superficielle de la loi n°024-2002 portant code pénal militaires congolais, du 18 novembre 2002, ne montre pas en claire cette matière. Il est alors impérieux pour un chercheur de savoir que l'environnement est réglementé par certaines dispositions et coutumes de guerre. Et que donc, quiconque dirige une attaque contre l'environnement porte atteinte au droit de la guerre. Or, toute violation de droit, lois et coutumes de guerre est constitutive d'un crime de guerre.

Partant de cela, l'on peut maintenant dégager des dispositions y relatives dans le code pénal militaire congolais à l'instar de l'art.173 qui dispose : « *Par crime de guerre, il faut entendre toutes infractions aux lois de la République commises pendant la guerre et qui ne sont pas justifiées par les lois et coutumes de la guerre* ». Cette disposition ne relève pas la question de l'environnement en fond. Elle est aussi ambigüe.

---

[129] Cfr. J.I.C., KAMBALE MUKENDI, Eléments de droit judicaire militaire congolais, éd. U.A, Kin, 2009, p.15.

Par ailleurs, si les lois congolaises ne présentent pas une clarté de ce qui est la détermination de crime contre l'environnement, cette obscurité est levée par le statuts de la Cour Pénale Internationale lorsqu'il mentionne à son art.8 que *« l'on entend par crimes de guerre les infractions graves aux conventions de Genève du 12 Août 1949, les violations graves des lois et coutumes applicables aux conflits armés internationaux dans le cadre établi du droit international, à savoir, l'un quelconque des actes ci-après (…) le fait de diriger intentionnellement une attaque en sachant qu'elle causera incidemment des pertes en vies humaines dans la populations civiles, des blessures aux personnes civiles, des dommages aux biens de caractère civil ou des dommages étendus, durables et graves à l'environnement naturel qui seraient manifestement excessifs par rapport à l'ensemble de l'avantage militaire concret et direct attendu (…) ».*

Il en ressort que, toute attaque non justifiée contre l'environnement est constitutif d'un crime de guerre et, son responsable ou auteur doit répondre de ses actes devant les juridictions.

B.   Action contre le crime environnemental

La plupart d'actions contre le crime de l'environnement, étant un crime de guerre, sont portées devant les juridictions internationale et nationale répressives à caractère militaire. Or, si l'on se situe bien, ces juridictions ne maîtrisent pas en soi l'environnement et les techniques environnementales, plus le droit de l'environnement. Pour statuer, elles doivent toujours faire appel à des techniciens et experts de l'environnement. Chose qui ne met pas ces juridictions en marge d'erreurs matérielles. Pour cela, il faut un juge assez attentif et ententif pour le crime contre l'environnement.

1.   Les juridictions répressives

Dans l'arsenal normatif de la RDC, les juridictions militaires, à commencer du tribunal militaire de garnison à la haute cour militaire, ont compétence de connaitre et de juger de crimes de guerre, inclus le crime contre l'environnement[130] ; chose qui n'est pas aisée parce que, même en rendant ou en statuant sur des affaires purement militaire, elles commettent d'énormes erreurs matérielles qui laissent à désirer et, qui conduisent parfois à des nouveaux troubles, instaurant ainsi une instabilité et une insécurité perpétuelles dans le pays. Comment alors expliquer que de telles juridictions qui ne maîtrisent même pas le droit qu'elles sont censées appliquer parviennent à faire de l'excellence en matière d'environnement. Même si elles peuvent être assistées par des spécialistes, il n'est pas biaisé ou garantie qu'elles rendront des décisions satisfaisantes en la matière. Plus d'ailleurs, elles seront réduites à des bouches des experts qu'à des véritables technocrates.

C'est dans ce sens que Jerôme Lassere Capdeville écrit : « Si le juge a l'interdiction de punir pour des faits qui ne sont pas prévus par la loi, conséquence du principe *« nullum crimen nulla poena sine lege »*, il serait incohérent de lui donner le pouvoir de punir pour des faits qui, n'étant pas formellement prévus par la loi, le seraient suite à l'interprétation qu'il pourrait faire du texte. Concernant les textes répressifs relatifs à l'environnement, il résulte de la particulière complexité des textes que leur interprétation par le juge est très délicate. Ainsi rédigés par des spécialistes, certains passages de ces textes sont, parfois, difficilement compréhensibles pour des juristes qui ne sont ni biologistes, ni chimistes, ni encore moins ingénieur.

Mettre en œuvre les sanctions propres au droit de l'environnement peut dès lors, pour le juge répressif, s'apparenter à un vrai *« casse-tête chinois »*. En effet, une fois qu'il est parvenu à déterminer le ou les textes applicables, il lui faut encore, avant de les interpréter, s'efforcer de les comprendre ce qui l'amènera souvent à demander l'avis d'un expert, le juge étant alors réduit au rôle peu séduisant de chambre d'enregistrement des conclusions d'expertises scientifiques. Il ne sera ainsi, au mieux, qu'un coordinateur d'opinion d'experts[131] ».

Sur le plan international, la CPI est compétente pour connaître de crimes de guerre notamment des crimes environnementaux commis en temps de guerre. C'est la résultante de l'art.5 du statut lorsqu'il mentionne : *« La compétence de la cour est limitée aux crimes plus graves qui touchent l'ensemble de la communauté internationale. En vertu du présent statut, la cour a compétence à l'égard des crimes suivant :*

---

[130] Lire article 164 à 186 de la loi n°024-2002 du 18 novembre 2002 portant code pénal militaire congolais.
[131131] J.L. CAPDEVILLE, op. cit., pp.39-40.

a.   Le crime de génocide
b.   Le crime contre l'humanité
c.   Le crime de guerre
d.   Le crime d'agression »

Partant de l'art. 8 point 2, IV, la cour a compétence à l'égard des crimes des guerres notamment des attaques dirigées intentionnellement sur l'environnement ou qui causent des dommages étendus, durables et graves à celui-ci qui sont manifestement excessifs par rapport à l'ensemble de l'avantage militaire concret et direct attendu.

Par conséquent, peu de juriste, et donc de magistrats, étant à l'heure actuelle compétents en matière de droit pénal de l'environnement, on peut penser que cela en affaiblit la répression, tout en la rendant arbitraire[132]. C'est ainsi que, malgré cette compétence de plus attribuée à ces juridictions, internes et internationales, le constat est qu'elles ne font parfois pas référence au crime environnemental ou aux problèmes causés par les atrocités à l'environnement. Par exemple, pour des juridictions militaires internes, nulle part dans la jurisprudence ont fait recours au crime et/ ou atteinte portée à l'environnement par des belligérants. Ceux-ci sont poursuivis pour d'autres faits parmi lesquels pillages, désertion, etc., mais jamais pour des atteintes qu'ils ont causées à l'environnement. Or il est connu de tous que, pour des raisons d'économie de guerre et de stratégie de nuire à l'ennemi, ils utilisent, dévastent, polluent l'environnement.

Il en est de même de la CPI qui, de par toutes les causes et actions pendantes devant elle, elle fait semblant d'ignorer la question environnementale. Aucune des accusations en charge de prévenus portés jusque là devant cette cour ne mentionne des problèmes et conséquences que subit l'environnement en temps de guerre.

Dans l'Affaire Thomas Lubanga, par exemple, nulle part le procureur moins la cour n'a fait référence aux crimes et conséquences environnementaux causés par les troupes de Lubanga, l'UPC. La Cour n'a retenu que le crime d'enrolement d'enfants dans l'UPC, le crime de viol et bien d'autres qui ne touche pas l'environnement.

Une constatation s'impose. L'environnement ne préoccupe réellement les hommes. Les organes censés faire et imposer l'application des règles protectrices de l'environnement en temps de guerre semblent les ignorer et n'y font même pas

---

[132] Ibidem, p.40.

référence. Tout cela est la conséquence logique de leur inexpérience et non maîtrise des conséquences environnementales qui peuvent résulter des guerres et conflits armés. Ce qui conduit à penser qu'il faut mettre en jour des juridictions spécialisées en matière d'environnement, où ne peuvent siéger que des spécialistes et expert en ce domaine.

2. *Un* juge *assez ententif : juridiction spécialisée*

Partant de tout ce qui vient d'être esquissé ci-haut, l'environnement, pour faire respecter les règles qui viennent à sa protection, que ce soit en temps de guerre ou en temps de paix, au niveau interne ou international, a besoin d'un juge qui comprend mieux les douleurs et les lourdeurs des problèmes environnementaux. Parce que le droit de l'environnement ou l'environnement naturel lui-même est complexe, difficile à appréhender, élaboré et contrôlé par des spécialistes, plus technique. Ce qui crée de controverses.

Cela implique un manque de lisibilité du droit pénal de l'environnement du fait de la multiplicité des textes ; sa technicité résultat de sa rédaction confiée par le législateur à des ingénieurs, biologistes, naturalistes afin que ceux-ci prennent soin de définir les conditions de fonctionnement d'activités polluantes. Par ailleurs, les règles de procédure applicables au droit pénal de l'environnement présentent un caractère technique qui nécessite une mise en place des dispositifs particuliers pour la constatation des infractions et leur poursuite. Ces experts ont ainsi le soin de constater les infractions. Pour dire, c'est un droit élaboré et contrôlé par des spécialistes[133]. Si l'on n'est pas spécialiste, l'on aura des difficultés à l'appréhender et surtout à le comprendre. C'est ainsi que le public et les magistrats ont du mal à appréhender ce droit qui est parfois imprécis par le fait de ne se montrer insuffisamment clair. C'est un droit obscur pour le non spécialiste.

Cela étant, il est magistral de laisser à ceux là qui ont la latitude d'élaborer et de contrôler le droit pénal de l'environnement le soin de prendre des décisions restrictives et contraignantes pour ne plus commettre d'erreurs et pour qu'ils puissent prendre en considération les préoccupations environnementales qui sont négligées par des non spécialistes qui méconnaissent, peut être, l'importance de l'environnement est une solution à ce problème et, aujourd'hui, une nécessité.

---

[133] Ibidem, pp.35 et 38.

Sans cela, l'humanité toute entière en général, l'environnement en particulier ne peut se voir épargner des multiples effets et conséquences de guerre.

CONCLUSION

La reconnaissance de la dignité inhérente à tous les membres de la famille humaine et de leurs droits égaux et inaliénables constitue le fondement de la liberté, de la justice et de la paix dans le monde. L'homme a un droit à des conditions de vie satisfaisantes dans un environnement dont la qualité lui permet de vivre dans la dignité et le bien être. Pour ce faire, il a droit à un environnement sain qui, aujourd'hui, est l'ultime idéal auquel et que tous les Etats du monde veulent offrir à leur citoyen.

L'environnement est un ensemble de milieux d'influences -milieux humains, naturels, économiques- qui agissent sur l'individu à tous les instants dans sa vie quotidienne et détermine en grande partie son comportement dans toutes les dimensions de l'être sociale, intellectuelle, affective, spirituelle, culturelle. C'est un espace où vivent les êtres humains dont dépendent la qualité de leur vie et de leur santé y compris pour les générations à venir.

Cependant, l'environnement est devenu une préoccupation majeure du 21e siècle car il ne fait que faire éclater au grand jour ce qui résulte depuis fort longtemps des réflexions des naturalistes et écologues, à savoir que l'homme comme espèce vivante fait partie d'un système complexe de relations et d'interrelations avec son milieu naturel. Depuis, la protection de l'environnement apparait essentielle et la législation tendant à règlementer les activités humaines susceptibles d'y porter atteinte sont, à ces jours pléthoriques. La règlementation est d'autant plus complexe que les préoccupations environnementales sont les plus souvent universelles et ne connaissent pas de frontières. Cette spécificité explique la profusion des sources tant au niveau international qu'au niveau interne. La RDC a ainsi mis à jour une loi cadre qui vise à protéger l'environnement contre toute activité humaine susceptible d'engendrer de conséquences durables et graves. C'est la loi n°11/009 du 9 juillet 2011 portant principes fondamentaux relatifs à la protection de l'environnement.

Par conséquent, malgré cette règlementation universelle et tous les efforts et appels aux Etats et aux gouvernements du monde d'assurer la garantie et la protection du droit à un environnement sain aux populations, la réalité du 20e siècle et du 21e siècle démontre que ceux-ci font, certes, face aux conflits armés - interne, international, interne internationalisé- qui surpassent leurs limites protectrices. De fois, les belligérants n'arrivent pas à respecter, a visualiser et à observer les règles et principes qui tendent à règlementer la conduite des hostilités et/ou qui protègent l'environnement, en temps de paix comme en temps de guerre. Au lieu de chercher comment mettre hors de combats un nombre plus important des soldats ennemis comme le veut la convention Saint Peters bourg de 1868, ils veulent à tout prix nuire, détruire tous ceux qui d'une façon plus générale, se situent dans le camp de l'adversaire y compris l'environnement. Plus encore, pour des raisons d'économie de guerre, ils surexploitent, pillent les zones occupées. Ce qui fait de l'environnement une arme et, au même moment, une victime des opérations militaires suscitant des conséquences plus fabuleuses notamment la pollution et la dégradation de l'environnement naturel qui, à quelques rares exceptions près, constitue même la source des conflits : cas de la RDC. Comment alors faire cohabiter le droit de l'environnement et les conflits armés, mieux, comment protéger l'environnement en temps de guerre.

Le droit de l'environnement peut n'être, dans une perspective purement positiviste, que l'étude des règles juridiques existantes et qui cherchent à protéger l'environnement, en temps de paix comme en temps de guerre. Il est celui qui, par son contenue contribue à la santé publique et au maintien des équilibres écologiques ; c'est un droit pour l'environnement. Il est conçu non de façon neutre mais comme comportant une obligation de résultat. Que serait un droit pénal qui autoriserait et amnistierait le crime de meurtre ? Aussi le droit de l'environnement ne remplit-il sa fonction que si son but est effectivement la protection de la nature et des ressources. Il doit en plus poser des actes et règles pénaux vis-à-vis de destructeur de l'environnement, fulminer des incriminations, des peines et se donner les moyens de les appliquer.

Si, il est vrai que les conflits armés causent des graves dommages à l'environnement, encore que la plupart des conflits résultent, à ces jours, de la convoitise de richesses naturelles. Il impose alors la nécessité d'assurer la protection de ce dernier en punissant les auteurs d'atteintes et pollutions. Néanmoins, si l'adoption d'incriminations et de peine est indispensable à la protection de l'environnement, elle ne suffit pas. Leur application ou du moins la menace de leur application est nécessaire pour assurer l'efficacité de la réglementation. Ce qui fait voir la présence d'un juge qui comprend mieux les douleurs et la lourdeur des problèmes environnementaux, parce que le droit de l'environnement ou l'environnement lui-même est complexe, difficile à appréhender, élaboré et contrôlé par des spécialistes, plus technique. Si l'on n'est pas spécialiste, l'on aura du mal à le comprendre et à l'appréhender.

Cela étant, il est impérieux de laisser à ceux là même qui ont la latitude d'élaborer et de contrôler le droit de l'environnement et/ou le droit pénal de l'environnement le soin de prendre des décisions restrictives et contraignantes en la matière pour ne plus commettre d'erreurs et pour qu'ils puissent prendre en considération les préoccupations environnementales qui sont négligées par de non-spécialistes, lors des prises de décisions contraignantes, méconnaissant peut-être l'importance de l'environnement sur la vie des êtres humains. Ainsi, la création des tribunaux spéciaux pour l'environnement, animés par des spécialistes de l'environnement est une nécessité du temps. Les Etats et les gouvernements du monde doivent prendre conscience et, en toute diligence, mettre en œuvre et à jour un modèle type de juridictions pour parvenir à une meilleure protection de l'environnement, en temps de paix comme en temps de guerre. Sans cela, l'environnement ne peut se voir épargner de multiples effets et conséquences d'activités humaines qui cherchent à lui porter atteinte.

BIBLIOGRAPHIE

OUVRAGES

-ALIOU BARRY, M., Guerres et trafics d'armes en Afrique : Approche géostratégique, Harmattan, Paris, 2006.

-BOUVIER, A., La protection de l'environnement naturel en période de conflits armés, Revue internationale de la croix rouge n°792 du 31 Décembre 1991.

-CHARBONNEAU, S., Droit Communautaire de l'environnement, Harmattan, Paris, 2006.

-DE MULINEN, F., Manuel sur le droit de la guerre pour les forces armées, CICR, Genève, 1989.

-DUPONT, G., Le pouvoir absolu des armes électriques, Sciences et vie, Paris, Janvier 2002.

-ESCLAVARD, J.P., Sciences et techniques actuelles, Tome 4, Clartés, Paris, 1983.

-FREIDRICH, J., L'incendie : Allemagne sous les bombes 1940-1945, éd de Fallois, Paris, 2003.

-GUILLARD, D., Les armes de guerre et l'environnement naturel, Harmattan, Paris, 2006.

-KASEREKA MWANAWAVENE, R., Dynamiques locales et pressions extérieures dans la conflictualité armée au Nord-Kivu : cas des territoires de Beni – Lubero, Gent, Avril 2010.

-KISS A., La protection de l'environnement et le droit international, Sijthoff, Leyde, 1973

-KISS, A., Droit International de l'environnement, Pedone, Paris, 1989.

-KOFI ANNAN, Introduction : les conflits armés et l'environnement, HCR, Paris, 2001.

-LAGOLNITZER, D., et alii, La science et la guerre : la responsabilité des scientifiques, Harmattan, Paris, 2006.

-MALINGUY, Ph., Introduction au droit de l'environnement, Lavoisier, 2ème éd., Tec et doc, Paris, 2004.

-MALJEAN-DUBOIS, S., Quel droit pour l'environnement, Hachette, Paris, 2008.

-MAZIDOUX, O., Droit International public et droit de l'environnement, Limoges, Pulim, 2008

-MEYER, C., L'arme chimique, Ellipse, Paris, 2001.

-MOLLARD-BANNELIER, K., La protection de l'environnement en temps de conflit armé, A. Pedone, Paris, 2001.

-MOVASAKANY, H., Droit International Humanitaire : Protection des victimes de guerre ou droit de l'ingérence humanitaire, éd. Safari, Lubumbashi, 1998.

-MULUMA MUNANGA, A., Guerres et problèmes de l'environnement en Afrique, cas de la RDC, Développement et coopération, n°3, Mai-Juin 2002.

-NERAC-CROISIER, R., et alii, Sauvegarde de l'environnement et droit pénal, Harmattan, Paris, 2005.

-NZEREKA MUGHENDI, N., Les déterminants de la paix et de la guerre au Congo-Zaïre, CECRI, Bruxelles, 2011.

-PRIEUR, M., Droit de l'environnement, Dalloz, Paris, 1984.

-Rafael HUSEYNOV, M., Les conflits armés et l'environnement, Cedex-U.E., Strasbourg, Octobre 2011.

-SALMON, J., Dictionnaire de droit international public Bruylant, Bruxelles, 2002.

-TSHIYEMBE, M., Le droit de la sécurité internationale, Harmattan, Paris, 2010.

-VERNIER, J., L'environnement, PUF, Paris, 1995.

-VEYRET, Y. et PECH, P., L'homme et l'environnement, PUF, Paris, 1993.

-xxx, Droit international régissant la conduite des hostilités, Recueil de conventions de La Haye et de quelques autres textes, CICR, Genève, 1996.

TEXTES DE LOIS, REGL EMENTS ET CONVENTIONS,

-Constitution de la RDC du 18 Février 2006.

 -Déclaration Universelle des Droits de l'Homme du 10 Décembre 1948.

-Loi n 11/009 du 09 juillet 2011 portant principes fondamentaux relatifs à la protection de l'environnement.

-Loi n°024-2002 du 18 Novembre 2002 portant code pénal militaire congolais.

ARTICLES, RAPPORTS ET REVUES

-Encyclopaedia Universalis, paris, 2008.

-Encyclopedia Universalis, Vol 8, Greco-Intérêt, Paris, 1974.

-Encyclopédie Française, Vol 9, Larousse, Paris, 1974.

-Le droit international Humanitaire, CICR, Genève, sd.

-Rapport du Groupe d'experts sur l'exploitation illégale des ressources naturelles et autres richesses de la RDC, N.U., S/2001/357, 12 Avril 2001.

-Recueil d'avis consultatifs des cours et tribunaux internationaux, s.l., 1996.

-Réveillez-vous, Novembre 2011.

SITES INTERNET

-http://developpementdurable.revues.org/3365.

-http://www.googleplanet.info/société/conflits.

-http://www.livescience.com/forceofnature/061211

-http://www.novethic.fr/Lenvironnementblesseparlesconflitsarmés.